NF文庫
ノンフィクション

# 敷設艇「怒和島」

白石 良

潮書房光人新社

# 序

戦後六十年を迎えるに先立って、我々が乗り組んでいた敷設艇《ふせつてい》「怒和島《ぬわじま》」の戦記が出版されることになりました。

「怒和島」は昭和十七年、大阪桜島造船所で産声をあげました。七五〇屯《トン》の小さい船体ですが、二十年四月まで、戦艦、航空母艦、巡洋艦その他の大型艦が、燃料がなく、島影に寄り錨を入れて木の葉で偽装するという情けない状況の中、機雷敷設、掃海、船団護衛、沿岸警備および対潜掃討など、多種多様な任務に、休みなく従事しました。現在の日本の護衛艦と比べると雲泥の差で、厳しい環境で、国のためという一言で勝利を目指し、過酷な条件でも頑張り、不自由な中でも自由を捜して任務に邁進しましたが、残念ながら大分県佐伯基地内で被弾、擱坐しました。

上田秀久氏　昭和16年8月、白瀬衛所勤務の時（上田秀久氏提供）

終戦以降、人類史上初の平和憲法を持ったわが国は、一度も戦争をすることなく現在に至りました。ところが、世界の情勢を見てみますと、最近でも、イラク、パレスチナ、アフガニスタンなどで、依然として「戦争」が続いています。

兵器は、当時とは比較にならないほど進歩して、まさに「大量破壊兵器」となり、非戦闘員であるはずの民間人をはじめ、多くの犠牲者が出ています。戦争に正義も大義もありません。これでは二十世紀の前半に逆戻りです。

本書を読んで頂きますと、いろいろな体験・恐怖が出てきます。実際の戦闘はわずか二十分程度でも、まる半日戦ったような疲労感を覚えます。経験したものしか理解できないことかもしれませんが、こうしたことを、たとえ少しでも伝えてゆかなければ、人類の破滅につながるのではないか、と一人で心配しております。

小生自身は、昭和十五年、海軍に入団志願して五年三ヶ月、危険な時もありましたが、負傷もせず、五体満足で帰ることができ、感謝しておりますが、残念なことに、最後に、乗組員の中から十四名の戦死者が出てしまったのが、返す返すも残念です。ご冥福をお祈りし、合掌する次第です。

平成十六年十二月

兵籍番号　呉志水二六五四七号　怒和島会会長　上田秀久

# 敷設艇「怒和島」——目次

## 第二部——資料編

敷設艇怒和島の勇姿。公試時(潮書房提供)

艇長・久保忠彦大尉

# 敷設艇「怒和島」

本書を怒和島乗組員およびその関係者の方々のみ前に献げます。

# 第一部——戦闘編

# はじめに

二枚の写真がある。同じ一隻のふねを写したものである。しかし、写ったその姿は大きく異なっている。

一枚は、波をけたてて全力航行する姿。もう一枚は、大破して大きく左に傾き、海岸に乗り上げた姿である。

最初のものは、昭和十七年、公試の時のもの、二枚目は戦後のものである。この間、わずか二年半。何が、このふねの上に起こったのか。

このふねは、敷設艇「怒和島」、総屯《トン》数七二〇屯。軍艦の象徴である「みよしに菊」の御紋章も持たず、普段はまったくといっていいほど目立つ存在ではない。したがって、大和、武蔵などという有名なふねの戦記は数多く出版されているが、こうした小艦艇の記録というものは、実はほとんど残っていない。

ところが、実際に、行動調書などをひもといて見ると、見えてくるのは、戦争末期、戦艦・巡洋艦などの大型艦艇が、燃料不足のため錨を入れたまま動けず、場合によっては、繋留されたまま防空砲台として使用されるというような状況の下、日本列島防衛のために大活躍した、こうした小艦艇の姿である。

その一隻、「怒和島」について、書く。

## 敷設艇

まず、最初に、「敷設艇」というものについて、その歴史も含めて、述べることにしたい。

こうしたふねは、機雷の敷設を本来の任務とするものである。

日本海軍が機械水雷（機雷）を試験的に採用したのは、明治十九年。その後、機雷が本格的に兵器として用いられるようになると、それを専門的に扱うふねが必要となり、「敷設艇」が登場した。そして、各鎮守府や水雷団、要港部の水雷施設隊に配置された。警戒・哨戒などの任務をも兼ねて、魚雷発射管を装備したものもあったが、ほとんどすべてが排水量一〇〇屯程度の小型船であった。

日露戦争の際、はじめて外洋に設置した機雷によって、ロシア旅順艦隊の旗艦ペトロパウロースク（一〇、九六〇屯）が沈没、司令長官マカロフ中将が戦死した。また日本軍においても、戦艦初瀬（一五、二四〇屯）、八島（一二、五一七屯）が撃沈された。

これらは海軍に非常に大きな衝撃を与え、機雷戦は、長期的には、この時に行われた「閉塞」*などということよりも、封鎖に関して有効である、という認識が高まった。ところが、それまでの小さなふねによる敷設の場合、効率が悪く、さらに範囲も限られてしまうため、大正末期から大型のものが建造されるようになった。そして、大正九年には、八〇〇〜四〇〇〇屯のもの十二隻、それ未満のもの——主として二〇〇〇屯未満だが——三十四隻を数えた。また、このころからは、外洋に、大量の機雷を迅速に敷設するため、一〇〇〇屯を超える専門の敷設艦も建造されるようになった。

昭和に入ると、それまでの敷設艇が老朽化してきたため、何度か補充が計画されたが、主力艦に予算をとられ、なかなか実現せず、やっと昭和四年、燕型が二隻、八〜九年に夏島型が三隻完成した。次に、十三〜五年に測天型が五隻、続いてこの型の改良ともいうべき平島型が十五年以降に就役する。その八番艦が「怒和島」である。

## 怒和島というなまえ

艦艇の名前は、種類別にシリーズとしてつけられる。戦艦だと、「大和」「武蔵」のように旧国名である。

敷設艇は「島」ではじまったが、途中から「島」になった。

「怒和島」は、瀬戸内海西方、防予諸島のほぼ中央にあり、面積は四・七平方キロ。以前は愛媛県温泉郡中島町に属していたが、平成十七年一月一日、合併により松山市になった。市内の高浜からフェリーが出ているが、青く、美しく、静かな、絵に描いたような瀬戸内の島である。

# 航海のはじまり

昭和十七年十一月十五日、怒和島は大阪の日立桜島造船所で竣工した。試運転、点検、検査などが終了し、艤装艇長であった大塚吾郎（特務）大尉＊にかわって、艇長に久保忠彦大尉が就任、造船所の人々の見送りを受けて出港した。

艇は、まず、多度津に向かった。全員で上陸、金刀比羅宮《こんぴらさん》に参拝し、武運長久を祈る。呉で弾薬、部品などを搭載し、補給艦間宮（一五、八二〇屯）と共に、新しく基地となる佐伯に向かった。

そして、その二日後から、同じ敷設艇の夏島、那沙美（いずれも四四三屯）、黒神、片島（同じく七二〇屯）、そして電纜敷設艇の釣島《つるしま》＊（一、五六〇屯）などとともに、その佐伯を基地に船団護衛を行う毎日となる。

この頃はまだ、日本近海に敵潜水艦が現れるということは、さほど多くなかった。防備隊の日誌を見ると、「当防御海面ハ平穏ナリ」などという文字が続いている。しかし、豊後水道の出口で待ち伏せ《アンブッシュ》している場合があった。水道中央部には、機雷堰や水中聴音機、磁気探知機が設置されており、敵潜は侵入できない。

我が船団は、主として佐多岬沖から日振島、由良岬の沖を通り、高茂岬から鵜来島、そして十八年には衛所も設置された沖の島水道を抜けて太平洋に出てゆくが、だいたいそこまで護衛してゆくのである。二日から四日の間隔で、出港、護衛、帰港、補給、出港のくり返しが続く。

## 船団護衛

この船団護衛であるが、今日で言うとシーレーン防衛である。戦術的には「海上護衛戦」ということになるのだが、もともと日本海軍は、これにほとんど関心を持っていなかった。そして、それが、終戦直後の第八十八臨時帝国議会における、東久邇宮内閣の、「戦争の敗因の最も大きなものは、船舶の喪失による海上輸送力の激減にある」という答弁、また、米国戦略爆撃団の、「日本の経済および陸海軍の補給を破壊した諸要素のうち、単一要素としては、船舶に対する攻撃がおそらく最も決定的なものであった」と言う報告に示される通りのものになるのである。

少し、数字をあげて説明したい。

開戦時、民間船舶を含めた日本の全船舶保有量は、約六四六万屯であった。それに戦時中に新造されたものが約三三七万屯あるが、終戦時に残存していたのは、約一六六万屯にすぎなかった。すなわち、拿捕《だほ》などの二六万屯を除いた約七九一万屯が戦時喪失である。

この喪失の原因は、航空機によるものが三〇・九%、潜水艦が五四・七%、機雷九・二%、その他五・二%である。ところが、これを海軍の水上艦艇にのみ限ってみると、航空機五〇・八%、潜水艦三四・七%と数値が逆転する。すなわち、民間船舶の場合、いかに潜水艦による被害が多いか、ということである。また、この数字には米国以外の連合国によるものも含まれているが、その数はきわめて少ない。日本は、米国の潜水艦によって、海上交通を破壊されたのである。

実は真珠湾のあと、米国に残されたのは、潜水艦と飛行機だけであった。海軍作戦部長は、その日のうちに、対日無制限潜水艦戦の実施を命じた。ニミッツ提督は、その著書の中で、「日本の真珠湾攻撃後数時間にして、日本船舶に対する無制限潜水艦戦の命令が出された時、国際公法に従って作戦行動をとるよう長い間訓練されてきたアメリカの潜水艦乗員はびっくり仰天した」と述べている。

しかし日本海軍は、これに対してまったく反応を示さなかった。すなわち開戦時に護衛用の艦艇が一隻もなかったことに示されるように、まったく海上護衛戦に関心を持っていなかったのである。そしてわが国の潜水艦も、戦艦、空母などの大型艦ばかりを狙い、たとえ目の前に敵輸送船が無防備で航行していたとしても、みすみすそれを見逃してしまうということが、非常に多かった。

ところが、それによって次第にわが国の輸送船の被害が拡大し始めると、十七年四月、海軍もやっと護衛専門部隊を発足させた。第一、第二護衛隊である。しかし、いずれも旧式駆逐艦や特設艦船を主とした十数隻以内のきわめて貧弱な勢力で、たとえば、特設砲艦といっても、捕鯨のキャッチャーボートに大砲を一門積んだだけ、といったものまであったのである。そのため、実際、護衛の主力となったのは、怒和島などの正規の特務艇であった。

ところが、そのように船団護衛を行うということになると、それまでの装備では不十分である。そこで、就役してから五ヶ月しか経っていないというのに、十八年四月、大改装が行われた。

すでに、対潜作戦のために、測天型からは、それまでの爆雷十八個、投射機二基の装備が、倍の三十六個となり、八糎《サンチ*》高角砲が、発射速度の大きい四〇粍《ミリ》連装機銃に、単装であった後部の一三粍機銃も連装に変更されていた。さらに、平島型からは、その四〇粍機銃では、潜水艦の内殻破壊には不十分なことがわかったため、徹甲弾を使用し、発射速度を向上させた、新型の八糎高角砲が搭載されていた。

それが、このときの改装では、艦橋が、従来の後部が開いたオープンスタイルから密閉式になって装甲が強化され、また、機械室後方のバラストタンクが燃料タンクに改造されて、重油が一七屯増載できるようになり、後続距離が一四節《ノット*》で四〇〇〇浬《かいり》まで延び、長距離の航海にも耐えられるようになった。

## 兵装

まず、宿敵である米潜水艦に対するものである。

主機はディーゼルエンジンである。なぜわざわざこのようなことを書くかというと、世界的に見た場合、このような小さなふねは、レシプロエンジン――気筒の中に蒸気を送り込んでピストンを動かし、その往復運動を連結装置を通してクランクに伝え、回転運動に変えるもの。要するに蒸気機関車と同じシステム――が普通で、ディーゼルというのは、それほど多くなかったからである。最高速力は計画二〇節であったが、特にこのふねの場合は手入れがよく、二三節まで出た。敵潜を発見した場合、いかにその上まで早く行くか、スピード勝負になるのである。

敵潜を発見するための最も重要な兵器は、新造時から搭載されていた九三式水中聴音器*――これはいわゆるパッシブ・ソナーで、相手の発する音響（推進機音など）を探知して動きを知るもの――と、九三式水中探信儀――アクティブ・ソナー、すなわちこちらが超音波を発して、その反響により相手の存在・位置を知るもの――である。水測員は十人くらいであった。この探信儀は、現代のように艦底に固定されたソナードームが設けられているというものではなく、必要に応じて艦底に格納されている「送波器」を下ろす、というものであったが、大東亜戦争*開戦当初、米海軍はまだ持っておらず、英海軍が開発中という状態であった。つまり、これに関しては日本は進んでいた、ということができるであろう。ただ性能はあまりよくなかった。のちに新型の三式が開発されたが、怒和島には搭載されなかった。

十八年秋から十九年にかけては、水中磁気探知機（Y装置）と水中探査装置の実験にも従事した。福井静夫技術大尉（のち少佐）が実験委員として乗り込み、竣工したばかりで訓練中の伊四〇潜と共同して行った。Y装置は電纜を艇の周囲に三回ほど巻いて、潜水艦の上を通過すると指針が右に大きくふれるというもので、幅百米《メートル》以内なら確実に捕捉できた。また探査装置では真下の潜水艦の形がグラフ上にオートマチックに現れ、非常に愉快であった。これらについては、その後五月にも、別府沖に日本の潜水艦が沈没したのを利用して、二度目の位置探索実験を行っている。ただこの時は沈没間もなかったため、海の色が変わり、紙のようなものが海底から浮かんできたりして、なんとも不気味だった。

発見した敵潜を攻撃する爆雷には、九五式と二式があった。いずれも全長七七五粍《ミリ》、直径四五〇粍の円筒形で、全重量一六〇瓩《キロ》、炸薬量一〇〇瓩。二式の方は、最大調定深度一五〇米、沈降速度は毎秒二米であった。これらは、後部にある九四式爆雷投射機（Y砲）から発射するか、機雷敷設用のレールの上を転がして艇尾から落とすというもので、爆発深度の設定は投射直前に一個ずつ行った。

投射すると、艇は爆発に巻き込まれないように、全速で離脱する。しばらくすると、ズン、という爆圧が艦底から伝わってきて、続いて、「テーブルみたいなのが上がってくる」。爆雷にしろ、対潜弾にしろ、三十米以上の深度で爆発すると、映画などでよく見られるような水柱は立たないのである。そして潜水艦の撃沈は、これによるものが最も多かった。またこれものちに対潜弾タイプの三式(重量一八〇瓩、炸薬量一〇〇瓩、最大調定深度二〇〇米、沈降速度毎秒五米)ができたが、やはり怒和島には搭載されていない。

そして、怒和島が本来敷設する機雷であるが、この時期日本海軍が主として使用していたのは九三式であった。これは浮力を持つ機雷缶が、水底に沈んだ繋維器(錘)からの繋維索によって深度を維持し、敵艦船が接触すると鉛の角が曲がり、中のガラス瓶が割れて電解液が陰陽両極に注がれ、発火電源となって爆発を起こすという、繋維式・触発式・触角式発火方式のもので、炸薬量は一〇〇瓩であった。またこの他には浮遊式のものや沈底式・音響発火方式のもの、航空機から投下する三式一型、陸上からスイッチを入れ爆発させる九二式管制機雷などがあり、大東亜戦争中に生産された機雷は、五万個にのぼった。

次に航空機に対するものである。

これは艇長の英断により、機銃の増備が著《いちじる》しかった。後尾の一三粍連装機銃が二五

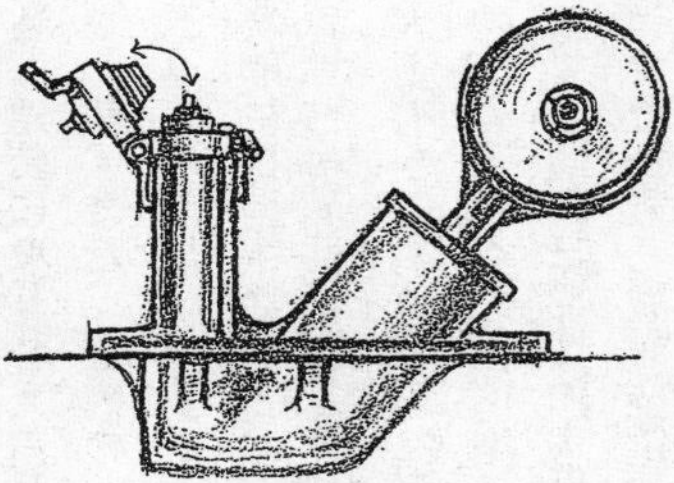

爆雷投射機と爆雷

繫維機雷

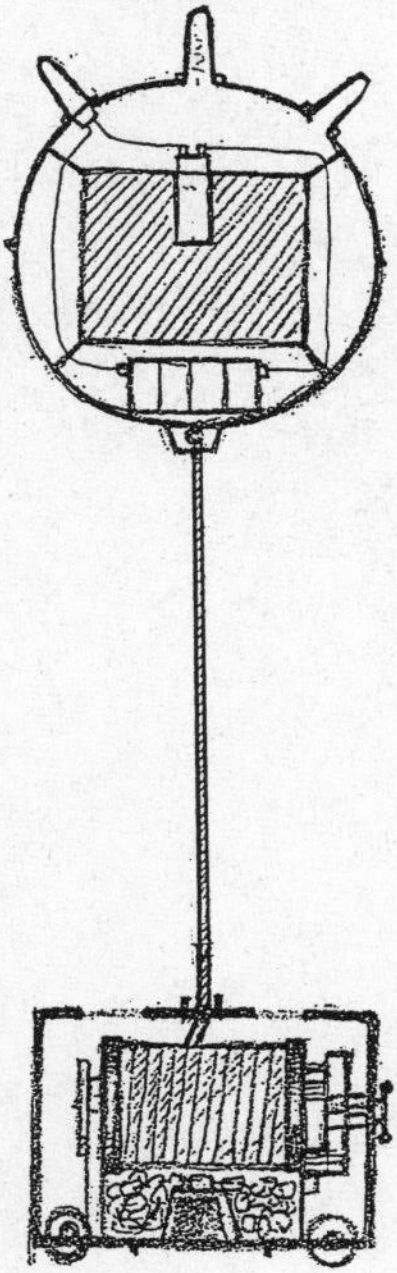

25mm三連装機銃
給弾は水測や主計など手あきの水兵が行なった。「水測士対空戦にも地力出し」

耗三連装に取り替えられた他に、艦橋の前に張り出し部が設けられ、その上に三連装が一基、また、艦橋の前の左右に各一基、艇の中央部の両舷に各々三基か四基、後部三連装の前後に一基ずつの単装の二五耗機銃があった。これは次第に増えて行き、最終的には二十基くらい、甲板上に空きスペースがなくなり、見た人が「針ネズミやな」というような状態になっていた。そしていざ敵機襲来となると、それらが一斉に火を噴き、ふねの形に弾幕を張ったので、敵機の方が恐れて近寄ってこなかった。そのため乗員も大幅に増え、最終的には新造時の二倍以上の百五十名が乗り組んでいた(おかげで居住性は非常に悪くなってしまった)。

また一号三型対空電波探信儀（レーダー。ポンツウと言った）は、完成間もない十九年四月に早々と装備された。植田（旧姓菊田）水兵長、芝田上水ほかの電探員は、水測班内の後部居住区に編入された。

## 訓練

こうした装備を使いこなすには訓練が必要である。

ある日、艦首のシャクハチ——八糎高角砲を撃ってみようということになった。一度も撃ったことがなかったのだ。

タマは、徹甲弾ではなく通常の高角砲弾である。

「信管、二十秒に調定。」「二十秒、よし。」「撃てっ！」

その直後「ドカン」と爆発した。

「うわっ！」「危ない！」破片が飛び散る。

確かに二十秒に設定した。二秒にしたはずはない。とにかくけが人はなかったのでよかったのであるが、艇長、「これは危ないから、もう撃たないようにしよう。」

その後、タマは積んでいたものの、一度も撃たなかった。

大砲の訓練というと、戦時標準型・丙型海防艦の大砲の試射につき合ったことがあった。後部よりワイヤーで標的を引っ張ってゆき、それを向こうから撃つのである。「ピカッ」と光って、その一瞬後に発射音が聞こえ、弾が飛んでくる。一発目は的の上を越えていった。次は手前に水柱が上がった。砲術の操典どおりである。「次は当たるぞ」と言っていると、引っ張っている艇の上をとびこえていった。こういう時は、訓練用の模擬弾であるが、やっぱり当たったら危ない。みな、「もっと訓練をしっかりやってもらわにゃ。」だいたい、上手な射手は、戦艦、巡洋艦などの大型のふねに集められていたので、ある程度はしかたがないとしても、この時期、射手の力量が落ちていたということもあるのであろう。

訓練というと、乗組員全員が口をそろえるのが、「古仁屋」での思い出である。これは、もう少し後、十九年七、八月ころのことである。

奄美大島本島の南、加計呂麻島の薩川湾は、景色も非常に美しいが、天然の良港で、海軍はここも泊地の一つにしていた。航空隊の基地もあり（古仁屋空）、後には大島防備隊の大島突撃隊（「震洋」*と「蛟龍」*の基地）も置かれたりするのであるが、ここで、それぞれの専門の人が、数ヶ月間乗艇し、猛訓練が行われた。もちろん、船団護衛は行っている。帰ってくると、すぐ訓練である。

水測では、水測兵器の権威である大西兵曹長が乗艇、つきっきりで指導する。探信儀長であった上田秀久は、以前に乗っていた軽巡鹿島（五、八九〇屯）が、それまで水測が誰もおらず、探信儀室はあっても探信儀がなく、聴音機も、独逸《ドイツ》製ではあったが、旧式でよく聞こえないという状態であったため、艇に来たときはかなり不安だったのだが、この時の訓練で、学校とは違う実戦部隊の厳しさを知り、大いに自信がついたという。

## パラオへ

そして、十八年の五月、その怒和島に十五隻の船団護衛が命じられた。

実は、佐伯防備隊に所属するふねがどこに行くかというのは、呉鎮守府などから、「一、フ一○四船団輸送船三隻春風護衛／正午位置八日Ｎ二七度四四分、Ｅ一三四度○○分　九日Ｎ三○度四七分、Ｅ一三四度三○分　十日深島速力九節／二、怒和島ハ八日○《まる》八《はち》○《まる》○《まる》*佐伯発九日早朝右ト会合護衛ニ任ズベシ」（十九年一月七日一四○三呉防戦司令発　電令作第四三一号）などというふうに、名指しで電信が入らない限り、「くじ引き」なのである。艇長たち（「分隊長」になる）が司令室に集まり、司令の前でくじを引く。久保が開けてみると、「ＰＰ」と書いてある。

「お前、大変なのを引いたな。そりゃ、パラオだ。」

この五月に替わったばかりの小豆澤成大佐が、気の毒そうにいってくれた。

もちろん、乗組員には、行く先はマル秘である。しかし、いつもなら船足が遅くなることを防ぐため、一回で一〇屯も積むことはない重油が、倍以上の二〇屯、水が三三屯、弾薬、食糧などもたっぷり積み込まれ、艇は喫水がぐっと下がった。積み込み作業にあたっていたものは、これはかなり長距離の護衛になりそうだ、と直感した。

艇長から号令がかかる。

「航海配置につけ。」「第二戦速。」「対空対潜哨戒見張りにつけ。」

艇内に緊張感が走る。これから目的地までは油断が許されない。しかし士気は高い。艇は船団の回りを常に走り回って哨戒する。ある水兵が言った。

「こりゃ、羊の群れを守る、番犬じゃな。」

夜間、当直に立つものは、「ふねの影を描け」と教えられた。これだけの船団で、夜間に雷撃を受けて沈没でもしたら、どれがどれかわからなくなるのである。とは言うものの、この時期、日本軍はすでにガダルカナルの死闘に敗れ、同島から総撤退してはいたが、南太平洋は小康状態で、天候もよく波も穏やか、夜になると南十字星が美しく、自然に「さらばラバウルよ～」と『南洋航路』の歌が口ずさまれるのであった。

船団は太平洋を六節で南下して行く。数日たつと、どうも行く先はパラオらしいということがわかってくる。

八日ほどかけてパラオに入港した。ここは当時、日本の信託統治であったとはいえ、ほとんどの若い乗組員にとってははじめての「外国」であった。美しい景色、ダイバ船に乗る現地の人々の姿に歓声をあげる。全員で南洋神社に参拝したりもしたが、一番の思い出はアイスクリームのおいしいこと。日ごろの苦労も消え去った。

## 佐伯

このあとはまた、佐伯を中心に船団護衛の日々が続く。

この頃になると、それまでバシー海峡や台湾周辺、南支那海、南太平洋などにいた米潜水艦が、次第に日本近海に集まってきた。日誌にも、「敵潜出没、執拗ニ反撃シ来レリ」「敵潜反撃、商船雷撃ヲ受ク」などという記事が増えてくる。

ある日、陽が落ちてから対潜哨戒を行っていると、突然、南の海上が真っ赤になった。驚いてそちらの方に向かうと、バン、バン、という音が続けざまに聞こえる。さらに近寄ってみると、あたり一面火の海。その中でドラム缶が破裂しているのである。危なくて近寄ることができない。どうやら、重油を輸送してきたふねが撃沈されたようである。

実は、日本が南方へ進出せざるを得なかった原因の一つである石油資源は、予想よりも早期に、かつ多量に産出していたのである。ところがこのころから、油槽船《タンカー》の不足のため、あふれる南方の石油を内地に運ぶことができないようになり、普通の輸送船で細々と運んでいたのであった。

豊後水道の南で、商船が救援を求めている、ということで急行した。行ってみると、一万屯くらいであろうか、沖縄航路の非常に大きなふねで、機関故障のため一隻だけで漂流していたのであった。

「よく無事だったもんだ。」敵潜だけではない。へたに水道内に流されたら、味方の機雷堰《ぜき》に引っかかってしまう。近寄ってゆくと、乗組員が甲板に出て、手を振って迎えてくれる。よほど心細かったのだろう。

さっそく、商船から直径七糎《センチ》ほどのロープを出し、曳航しようとする。ところが、相手が大きすぎてなかなか動かない。艇は機関を一杯にまであげる。太いロープが切れそうなほどに張り切って、やっと微速で動き出した。そして近くの港に曳航した。商船の方は、そこで修理を行い、自力で目的地に向かった。

いつもの通り、船団を沖の島沖まで送った後のことである。艇は宿毛に入港した。ここには海軍の警備部があり、艇長が連絡のため上陸することになった。内火艇を下ろし、予備学生*出身の少尉がチャージ（艇指揮）となって、桟橋まで送った。

時間を計って、そのまま帰りを待っていたが、明日の朝迎えに来てくれ、という連絡が入り、帰艇することになった。ところが、日はとっぷり暮れて、真っ暗闇である。さらに、港外にある大島という島の陰に艇がすっぽりと入ってしまっている。島は灯火管制で、灯りひとつ見えない。

ある程度の見当をつけて周囲を回ってみたが、うかうかすると浅瀬や暗礁があるし、衝突する恐れもある。そこでバーメンにサイレンを鳴らさせるが、本艇の方で気がつかない。あせって二度、三度と鳴らして、やっと気がついた。本艇の方で灯りを振った。五十米ほどの距離だった。

本艇にもどるなり、内火艇の艇長が当直番兵を怒鳴りつけた。しかしチャージが穏和な人であったことと、当直下士が内火艇の下士の先輩であったので、大事にはならなかった。

## 太平洋

ところで、太平洋の海面下で活動していた潜水艦は、日米二国のものだけではなかった。

六月頃のことである。日向灘を哨戒中、救命ボートが漂流しているのを発見した。近づいてみると人が乗っていたので、ただちに救助した。外国人五人であったが、かなり衰弱していたため、暖かいものなど与えて情況を聞こうとするが、英語が通じない。身ぶり手ぶりと、知っている単語をつなぎ合わせて聞き出したところ、実はソ連人で、独逸潜水艦に撃沈された、とのこと。ただちに油津港に入港し、収容した。

八月五日には、独逸のUボートが回航されて来て、護衛と水先案内で急行する。このUボートは、ヒトラー総統が日本に寄贈したうちの一艦であった。これ以前、独逸の専門家が日本の潜水艦を詳細に調査し、二、三の重大な欠点を発見して本国に報告した。そこでヒトラーは、見本として二隻の潜水艦を贈った。また、これには、同型艦を大量生産し、日本海軍が積極的に印度洋の英輸送船を撃沈し、補給路を切断してほしい、との要望も付随していた。このうちの一隻、艦長シュネーヴィント大尉以下、独逸側によって回航されてきたU511潜が、馬来《マレー》半島のペナンを経由し（ここまでは三国同盟の独逸駐在海軍代表委員野村直邦中将も便乗していた）、三ヶ月近くかかって到着したのである。

Uボートというのは、基本的にそう大きなものではない。さらに、この時来たのは七〇〇屯という小さなものだったので、ヨーロッパからの航海は大変であったと思われる。そして、怒和島が嚮導《きょうどう》艦として派遣されたのは、この艦が味方から誤って攻撃されぬように、という配慮からであった（実際、南支那海では、日本輸送船団から攻撃を受けていた）。

しかし、この潜水艦をはじめて見た乗組員の目には、「変な」潜水艦と映ったようである。大体、艦型がまったく違うし、特に、艦体の色が、日本の黒とは対照的な白

ペナン港の岸壁を離れる呂500潜

に近い灰色である。みな、「これはわからんでー。」

ところが、会合まもなく、上空の哨戒機から、前方五〇〇〇米に敵潜発見、の報が入った。艇は全速で前進、U511は急速潜航、エンジンを停止して、息をひそめた。

艇は爆雷攻撃を行った。戦果は確認できなかったが、ソナーにも反応がなかったので、再び艇はU511と合流、佐伯防備隊の小型駆潜艇とともに先導し、屋代島（周防大島）の安下ノ庄に入った。翌日、U511は外舷の色を塗り替えたり、艦内の整理をしたりした後、七日、呉に到着した。この艦は後に呂五〇〇潜となった。

ただ、戦局が次第に苦しさを増していく状況の中、日本の潜水艦の改善は実現せず、独逸側の期待していた同型艦の大量生産も、主機、発射管などが日本のものとは方式、寸法とも違っていてそのまま採用することができなかった点、また、この艦の水中速力が低かった点などがネックとなって、中止されてしまった。ただ、電気溶接技術は非常に優れたものであったため、この後の伊二〇一と波二〇一型水中高速潜水艦型に採用された。

なお、もう一隻寄贈されたU１２２４、呂五〇一潜（同じく七〇〇屯）は、艦長乗田貞敏少佐以下、日本側回航員の手によって、翌十九年三月三十日、独逸のキール軍港を出港したが、五月十三日、大西洋・ベルデ諸島沖の北緯一八度八分、西経三三度一三分において、米護衛艦隊の対潜弾攻撃を受け、沈没圧壊した。

## 乗組員のこと

このふねに初めて乗った人は、生アクビが出て、という船酔い、またはその前段階の症状が非常に長く続くのに驚いた。ふねが細長いため、ローリングがやたらときついのである。しかし、一ヶ月もすると、それにも慣れるのであった。

冬の夜間当直は時間が長く感じられる。艦橋は物音もせず、海は墨を流したように黒く、満天に輝く星の下、エンジン音が寂しく波間に消えてゆく。そして、当直が終わると、何も考えずに吊床にもぐり込み、故郷の夢を……。

また、航海中のひそかな楽しみとして、時々電信室で敵のVOA放送を聞いていた人も。「道頓堀行進曲」が感動的だった。敵さんにも東京ローズはいたようである。

帰港すると、楽しい半舷上陸である。

佐伯は、番匠川の三角州に開けた街で、市街地は南北が三粁《キロ》、東西が一粁くらいの、端から端まで歩いても一時間くらいで行けてしまうような、静かな城下町である。ところが、そのまちが、昭和九年、海軍航空隊の誘致に成功した。それがきっかけとなって人口が急増し、十二年には、鶴岡、上堅田両村を合併、さらに十六年には、大入島、八幡、西上浦村と合併し、市制を施行した。その時の人口は五万であった。さらに、市東方の鶴御崎、丹賀は、佐賀関と対岸の四国の沖の島、由良岬とともに、豊後水道の敵艦杜絶《とぜつ》を目的とする豊予要塞の一部であり、丹賀の岬には、退役した巡洋艦「伊吹」（一四、六〇〇屯）の後部砲塔を利用した陸軍の砲台があった。まさに「軍都」であった。

佐伯の復元模型。中央にある山が濃霞山。その右下の麓にあるのが防備隊

十五年、そのまちに、今度は「防備隊」が設置された。ただ、最初のころは、設備も艦艇もほとんどなく、「元気な」航空隊と比較されて、「ボロビ隊」といわれていた。

そして、日米開戦である。佐伯は、海軍の最重要拠点の一つとなり、人の往来も多くなり、艇がやってきたころは最も活気に満ちていた。防備隊の方も、やっと「ボロビ隊」から脱出していた。「海軍さんに限り無料」という看板を出した映画館があったりした。その映画に食事、昼間に割引で遊郭に登楼したり。「山の寂しい湖に、一人来たのも悲しい心〜」という高峰三枝子の『湖畔の宿』が街角に流れていた。

ある時、半舷上陸——非番のものは四時間である——したもの三人が、酒一本かついで、戦時であるので泊まり客もない旅館にあがり込んで飲んでいた。ところが、またたく間に酒がなくなった。酔った勢いで、ふねから持ってこよう、ということになった。そこで、一人が舟を借りて取りに行ったところ、「行原先任伍長*の巡検」という声が聞こえた。見つかったら大変。懲罰くらいではすまない。そのまましばらく外舷に隠れていた。しばらくたって、もういいだろう、と中に入り、ようやく一本を持ち出したが、先任伍長、実は見て見ぬふりであった、という説もある。

調子に乗って騒いでいると、隣の部屋も同じようにやかましい。ひとつ文句を言ってやろう、と襖をがらりと開けたところ、大田守義兵曹長*である。一瞬「しまった」と思ったものの、そこは兵隊上がりの苦労人の兵曹長、

「お前たち、来とったのか。」

結局、何事もなくすんだのであった。

一方、士官室のメンバーである。

熊谷富雄少尉。第三期予備学生出身。機雷学校を出たが、艇では副長を務めていた。艇が大入島に擱坐した後、艇長が防備隊の方に善後処置のため出向いていたので、戦死者の葬儀を執り行った。その後、山口県の仙崎に新設された防備隊に転勤になった。

高橋少尉。機関長である。ずんぐりとして、やや猫背。夕食後、巡検が終わると、ほとんど毎日、熊谷副長の部屋に、一升瓶に詰めた塩辛と酒を従兵に持ってこさせ、「これはラバウルの塩辛」「これはサイパンの」と、よく言えばバラエティーに富んだ、悪くいえば正体のわからないもので酒を飲み、ご機嫌になって従兵にかつがれてご帰還になることが、しばしばであった。

宮前徳右ヱ門兵曹長。航海学校の出身。航海長。寡黙な正義漢。入出港時、颯爽と艦首に立って、水兵を指揮していた。石垣島で艇が助かったのは、この人のおかげである。

佐伯兵曹長。鳥取出身。掌機雷長。一番の正義漢。

大田守義兵曹長。掌砲長。佐伯兵曹長とは特に仲が悪く、しょっちゅうけんかをしており、艇長が止めに入っていた。また、この人とよくけんかをしていた機関科の人がいたらしいが、名前がわからない。

丸田中尉。水産講習所の出身。毎日寝不足のような顔をしていた。十九年の九月ごろに転勤になった。

高浜少尉。東京商船出身の、ずんぐりした、好感の持てる人。丸田中尉の後任。

黒岩少尉。高浜少尉のさらに後任。

## 久保艇長

さて、これらの人々を統率するのが、艇長・久保忠彦大尉である。

久保は、大正二（一九一三）年一月十五日、山口県熊毛郡佐賀村佐合島（現平生町佐合島）の生まれ。上に姉が三人、下に妹と五つ違いの弟・克彦*がいる。

父の周一は自由律俳人・荻原井泉水の高弟（号は白船）。同じく弟子の種田山頭火の山口中学での三年後輩に当たるが、経済的な後援者でもあった。

東京高等商船（後の東京商船大学。現東京海洋大学）を十九歳で卒業。昭和七年、大阪商船に入社した。そして十一年十二月に応召。すでにキャプテンであったので、「短期現役士官*」ということになり、少尉に任官、前年に改装工事を終えたばかりの戦艦陸奥*に訓練乗艦した。

この時、陸奥は聯合艦隊*の旗艦を務めていた。長官は同じ十二月に就任した米内光政大将である。堂々たる体躯、役者のような切れ長の目。非常に威厳があり、横に立

新京丸（戦没した船と会員の資料館提供）

【新京丸艦型図】

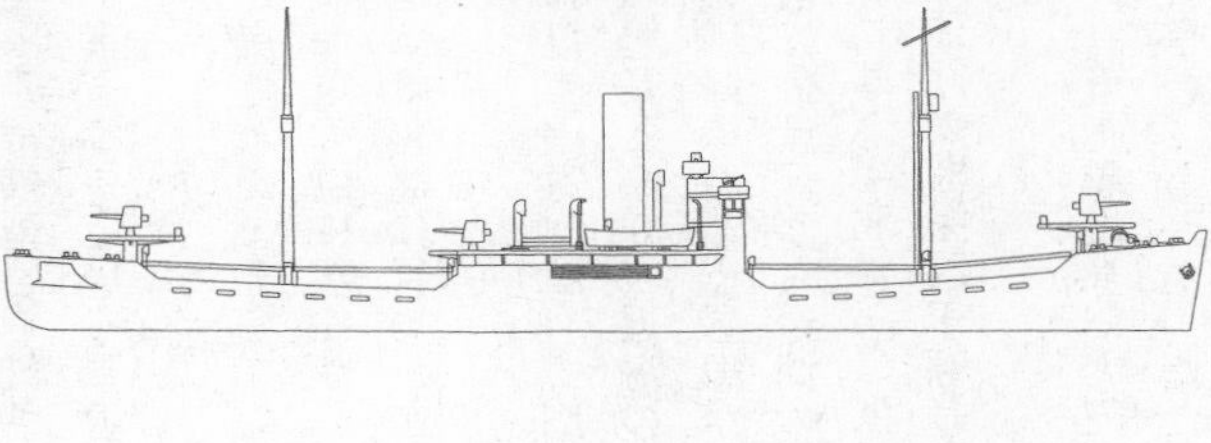

っているだけで震えがきたという。しかし実は非常に優しく気さくであり、若い人にも気軽に声をかけるような、まさにナイスアドミラルという形容がふさわしい人であった。

ところがわずか二ヶ月で米内は東京へ呼び戻された。そして「軍人から軍属に転落ですか」と言って、そのまま林銑十郎内閣の海軍大臣に親任されてしまった。

一方久保の方は、その直後に艦隊の近海巡航で青島《チンタオ》に行ったが、半年で召集解除となり、大阪商船に戻った。

そして昭和十五年十月、ふたたび召集された。中尉となって砲術学校に行った後、呉防備戦隊の第五十二播州丸*（二六七屯）の艇長となり、近海の掃海作業や警備活動などに従事した。十六年五月には佐世保防備戦隊の特設砲艦兼敷設艦新京丸*（二、六七二屯）の航海長に転じ、大東亜戦争開戦前は佐世保から台湾の馬公、高雄など、開戦後は奄美・加計呂麻島の瀬相などを拠点として、「北緯三〇度以南、南西諸島附近ノ海上防備竝ニ警備」（昭和十七年一月十五日付佐世保鎮守府命令作第十四号）を行っていた。

この年、昭和十六年に、同じ山口県の屋代島東三蒲出身で大阪の泉尾高女を卒業した高瀬芳子と見合いし、結婚する。ただし戦争のことがあったため、入籍だけして同居はしていなかった(夫人はよく奄美大島の古仁屋気付で手紙を書いていたということである)。

よく十七年八月、大尉に昇進、怒和島の竣工とともに艇長となった。

この頃、久保に初めて会った人は、「どこかで見たことがあるような」「誰かに似ている」とまず思う。そして、後ではっと気付く。実は、ひげが、小学校の音楽室などによく貼ってある、ドヴォルザークや、作家のドストエフスキーにそっくりなのである。そして、乗組員が、「うちの艇長はかっこいい」と自慢できるような人であった。

しかし、乗組員が最も自慢していたのは、久保の操艦の上手さであった。狭い港にはいると、他のふねは煙突からもうもうと黒煙を出し、前後進を繰り返しながらやっと接岸し、しばしばぶつけたりもしていたが、このふねの場合、そういうことは一度もなかった。そして、そういうもたもたしているふねがいると、乗組員の方は「見とれよー」ということになる。たとえば、右舷側に岸壁があって、方向転換して接岸しなければならない場合、久保は右舷側の錨だけを途中で入れて、左スクリューは前進のまま、右だけを逆進に切り替えて、その錨を中心にくるりと回って、ドンピシャで接岸するのである。久保によると、これは双暗車――二軸推進――だからできることで、「錨《アンカー》を入れるタイミングだけが問題」なのだそうである。また、「いえばそうしてくれる乗組員だからできた。」

しかし、そうはいっても、それが実際にできる人など、海軍内にもなかなかいなかった。前出の福井大尉は、「運動は軽快で、主機の発停や入出港はまるで内火艇のように自由であった」と賞賛している。また十九年の八月に乗り組んできた熊谷副長は、二十年の元旦、下五島の玉の浦に入港中、午前四時ごろ「敵潜水艦発見」の無電を受け、まだ真っ暗な中、白波の砕けるのばかりが見える田浦瀬戸を全速で通過した時の操艦の見事さには驚いた、と述べている。

その上に、前に述べたような装備の充実度である。このため、乗組員の方も、「うちのふねは二トッパ（二等駆逐艦）よりは上じゃ」と、常に言っていたし、気合いの入り方も一通りでなく、機関員の中には、いつ緊急に出航、ということになってもいいように、常にバルブを懐《ふところ》に抱いて暖めている人がいた。

後に艇が被弾した際、大入島まで救援にかけつけた三曳艇*の山崎豊一機関員が、擱坐した艇の機械室をのぞき込んでみると、浸水して主機の頭部が見えるだけであったが、普通なら廃油まじりの汚水《ビルジ》が浮いていそうなのに、中の水が澄んでおり、締め付けナットの大きさなのがぴかぴか光っていたので、手入れのよさに感じ入った、ということである。

そして佐伯でも、一斉に出航命令が下ると、いつも真っ先に出てゆくのが怒和島であった。

十八年、怒和島は大改装を行うことになり、佐伯から呉に回航されることになった。その時、久保は屋代島に疎開していた妻の芳子を、その怒和島で訪れた。三蒲は湾になっていて、船着場もあるが、浅くて入れないために沖に投錨してカッターを下ろし、上陸。先頭に軍艦旗、水兵が続いて、最後の久保は士官短剣を吊るした白の夏の第二種軍装であった。そして夫人の家に向かい、「迎えに参りました」と挨拶した。昭和十八年というと、まだ本土は比較的平穏であったが、久保としては、これから戦争が激しくなる、という後々のことを考えて、一緒に住もう、ということで迎えに来たようである。

しかし、村の人は、いきなり軍艦が入港してきた上に、水兵が上陸してきたから、非常に驚いたようであり、さらに、夫人としては、これはやはりついてゆかねばならない、と決心したそうである。そして、佐伯で下宿を借りて住むようになったのである。

その頃は、怒和島としても比較的ひまな時であったようで、半舷上陸はしょっちゅう、全舷上陸もあった。この時を利用して、久保は正式に結婚式を挙げ、三朝温泉に新婚旅行に行った。

ところがこの旅行、夫人にとっては非常に「恥ずかしい」ものであったらしい。久保は軍服が嫌いで、上陸するときは背広で、ハンチングなどかぶって「変装」し、わからないようにしていた。それは、どうも、久保が商船学校出身なのに、周りが固い人間ばかりだったので、気詰まりだったからではないか、と思われる。しかし、その久保が、なぜかこの時だけ、きちっと軍服で行ったのである。

この付近には陸軍の隊があり、道を軍曹とか伍長が引率する小隊が歩いている。それが久保を見ると、「歩調とれ」「敬礼」となる。久保が答礼すると、夫人が後ろで恥ずかしそうに挨拶する。それのくり返しであり、旅館に着いたら、扱いがまったく違う。しかし、「恥ずかしかった」と言いながらも、「この人はそういう人なんだ」というものもあったようである。

「大和」と「平島」(怒和島の同型艇)。これだけ大きさが違う。(1/700のペーパークラフト。船舶ペーパークラフト作家・大澤浩之氏の作品)

## 怒和島に将旗上がる

十八年四月十八日、聯合艦隊司令長官・山本五十六大将は、ソロモン消耗戦を苦闘している将兵を激励するため、ブーゲンビル島に飛んだ。しかし、目的地に到着する十五分前、待ち伏せた米戦闘機二十機に撃墜され、戦死した。

これは、全軍の士気に大きな影響を与えたが、後を継いだ古賀峯一大将は、この困難な状況に対して、よく海軍の士気をたて直し、マーシャル群島の線に全軍を率いて出撃することになった。

七月三十日、怒和島に将旗が翻《ひるがえ》った。呉を出港してトラック島に向かう戦艦武蔵*以下の艦隊に対し、怒和島に太田實少将が座乗、豊後水道の対潜掃討を行い、露払いをつとめることになったのである。

将旗が上がったふねに対して、すれ違ってゆく方は、必ず信号手が栄誉礼のラッパを吹かなければならない。怒和島のような小さなふねは、いつも吹いてばかりであるが、今日は逆である。乗組員全員、胸を張って出港してゆく。

しかし、海はあいにくの時化《しけ》。普段からゆれの大きい艇は、全員グロッキー気味。太田司令「傾斜は今何度か。」北原敏弘信号員「今、五十度であります。」ここまで行くと、甲板はほとんど垂直になっているように感じられる。機雷・爆雷を搭載して、重心が低くなっているからいいようなものの、普通の商船なら間違いなくひっくり返ってしまいそうな状況である。

佐田岬を回って、艦隊が姿をあらわした。その中の桁違いに大きいのが、「武蔵」である。「聯合艦隊旗艦」などというと、普段はなかなか目にすることがない。全員、じっと見守る。武蔵が近づいてくる。

「とにかく、でかい」

時々波ではね上げられて、スクリューが空まわりするような大荒れの中、武蔵はほとんど揺れもせずに通り過ぎていった。艇は、水道出口、沖の島の先で見送ったが、水平線に消えてゆく姿は感動的であった。

しかし、このように期待された古賀司令長官の出撃であったが、この後の二回目と共に、敵の退避によって機を得ず、司令長官もまた十九年三月三十一日、事故死するのである。

また、この時の太田少将は、のち沖縄根拠地隊の司令官となり、壮絶な最期を遂げることになる。

## 豊後水道

十九年の一月のことである。佐伯で整備作業を行っていた怒和島に、突然、船団護衛で出航せよ、という命令が出た。ただちに作業を終わらせ、出港しようとしたものの、外出上陸していたものもあり、帰艦命令を出しても、なかなか全員がそろわない。一時間もたたないうちに出港せざるを得なくなり、とうとう岡野萩夫一等機関兵曹を置いたまま出港してしまった。

ところが、それでも、船団は先行していたので、艇は単艦、全速で追いかけ、水道出口で船団の左側に入って、先頭の水雷艇雉（八四〇屯）の斜め後方で原速*に戻した。

ソナーの効く速力となった。

「送波器下ろします。」

「送波器、よし。」

電源開閉器を入れ、艦首方向より探信音波を発信しようと、受聴器を耳に当てた途端、うなるような音が聞こえた。「あっ」と思ったものの、艦橋に報告する間もなく、前方で「グワン」という大きな爆発音が聞こえ、水柱があがった。先頭の輸送船が雷撃を受けたのである。

「敵潜探知急げ。」

「左十五度、感あり。」

護衛の飛行機と怒和島以下各艦が急行し、直ちに爆雷攻撃を敢行する。そしてその結果を確認する間もなく取って返し、輸送船の救助に向かう。このふねには、陸軍の将兵と、特殊看護婦という名称の、いわゆる慰安婦が乗っていた。これは、もちろん軍が同行して——ましてや強制的に連行して——いたわけではない。たまたま、民間の「業者」が同乗していたのである。輸送船は雷撃のあと火災を起こしていた。非戦闘員である女性から先に救助を始めたものの、どんどん沈んでゆく。多くのものが船上から乗せてくれ、と叫んでいたが、怒和島の方が巻き込まれそうになり、とうとう全員を救助することはできなかった。

同じ頃のこと。月もない真っ暗な夜、海上に螢のようなかすかな赤い光が見えることに、艦橋にいた久保が気付いた。双眼鏡でよくよく見ると、

「タバコ吸っとる。日本人じゃない。」

ただちに「総員配置につけ」「爆雷戦用意」の命令が下る。

艇は全速で敵潜に向かった。ところが敵も気付いて、"Dive! Dive!" 急速潜航をはじめる。

「爆雷投下！」

しばらくたつと、探照灯に照らされた海面に油だけでなく毛布や衣類まで浮き上がってきた。しかしどうも様子がおかしい。油の量が少ないのだ。探信音波を打っても感がない。

「こいつは、逃げられたな」

この豊後水道"Bungo Straits"を舞台にした戦争エンターテインメント映画といえば、一九五八年、ロバート・ワイズ監督、クラーク・ゲーブルとバート・ランカスターによる"Run Silent, Run Deep（深く静かに潜航せよ）"であろう。登場する日本駆逐艦は「アキカゼ*」と「モモ*」であるが、同じようなシーンがある。

この映画が日本で封切られた時、久保が一言、

「あれ、俺だと思う。」

## (ゆ)とイタリア潜

六月二日のことである。怒和島に呉防備戦隊から直接命令が入った。

「陸軍輸送潜水艦行動予定左ノ通変更セルモ其ノ艇ノ予定通佐多岬迄護衛セヨ／二日一三〇〇《ひとさんまるまる》土土呂着　三日〇三三〇同地発　一五三〇内之浦着　四日〇五〇〇同地発一二〇〇山川着」（六月二日呉防戦機密第〇二一一〇八番電）

　これを聞いたみんなが驚いた。「陸サンに潜水艦があるのか？」

　会合地点に行ってみると、小ぶりなふねが一隻しかいない。潜水艦は？　と思ってよく見ると、そのそばに三隻。

「えらく小さいな。」呉などに行った時に見かけた伊号潜などより、ずっと小さい。

「これ、ほんとにもぐれるんかいな。」

　前甲板には小さな大砲が一門。艦尾には軍艦旗ではなく、日章旗が翻っていた。

　乗員が出て来て挨拶をした。指揮官らしい人は軍刀を持ち、みなゲートルを巻いていた。「やっぱり陸サンや。」

　聞いてみると、兵員・物資輸送専門であり、兵装は潜水艦を潜水艦たらしめる魚雷発射管はなく、さっきの小さな大砲一門だけ。支援母船の第二高周丸（八六六屯・日本高周波重工所属）を従えて、これからフィリピンまで行くという。

「本当に行けるんだろうか。」「無事に行ってほしいなあ。」そう言いながら見送った。

　この乗組員の印象に強く残った陸軍の潜水艦、正式には陸軍潜航輸送艇*、秘匿名を(ゆ)《まるゆ》といった。

　そんなものがあったということすらほとんど知られていないが、これはガダルカナルの反省から、陸軍が島嶼《とうしょ》部への輸送のため、「優先順位を航空機に次ぐ扱い」として総力を挙げて建造した、決戦兵器だった。

それがこの五月に三隻が完成し、早速フィリピンへ派遣されることになったのである。

しかしあまりにも急いだため、この後トラブルが続発、予定より二十三日遅れ、五十一日かかって七月十八日、マニラに到着した。

その㋙を護衛して行動中、また電報が入った。

「一、獨国潜水艦UIT二四号明后六日一四〇〇深島ノ東五浬通過豊後水道ニ入ル」（呉鎮機密第〇四一一〇二番電　信電令二三号）

「一、怒和島ハ陸軍輸送艇護衛終ラバ一旦油津ニ仮泊六日〇六〇〇日向灘ニテ右獨潜ト会合水ノ子灯台附近迄護衛並ニ水路嚮導ニ任ズベシ　水ノ子附近ニテ水先人獨潜ニ乗艇ス」（呉防戦機密第〇四一四三四番電　電令作第四八三号）

「またドイツさんか。」「何か変わったのが続くなあ。」

今度のは昨年のに比べたら、だいぶ大きかった。

「前のと（型が）違うぞ。」

実はこの潜水艦、元々はイタリアのもので「コマンダンテ・カッペリーニ」という

陸軍潜航輸送艇1011号、秘匿名㋴
ドイツ降伏後、日本に接収され改装された伊503潜

名称だった。それがイタリアが降伏した際に昭南にいたのを日本が接収し、独逸に譲渡したものだったのである（なおこの艦はドイツ降伏後再び日本に接収され、改装されて伊五〇三潜となった）。

このように輸送船だけでなく、聯合艦隊旗艦から空母、独逸潜、イタリア潜、陸軍の潜水艦までと、多種多様なふねを護衛したというのは、日本海軍広しといえどもこの怒和島だけであった。

## 爆雷で鯛を取った話

佐伯から対潜掃討で出た十九年五月頃のことである。艇は豊後水道を南下していた。夜間当直に当たっていた上田の探信儀（ソナー）に感があった。ソナーには感度が1から5まであるが、2か3程度である。潜水艦にしては感度が弱い。どうも魚群のようである。しかし、作戦中とはいえ、深夜であり、多くの者は寝ていた。そこで、上田は、起こしてやろうといういたずら心を起こし、「艦首方向反響音」と報告した。

それを聞いた久保は、「こんなところに潜水艦が？　うん、OK、OK。」久保自身にもわかっていたのだ。しかし「総員配置につけ。」「爆雷戦用意。」それで艇内が大騒ぎになった。上田のほうがしまった、と思った。そして爆雷が投下された。

その後、艇は付近を遊弋《ゆうよく》して、警戒に当たった。そして一夜明けてみると、付近には、敵潜の遺留品どころか、五十センチほどのコブ鯛が、海面が真っ白になるほど、大量に浮かんでいた。爆圧によってウキブクロをやられたものらしい。もったいないので、全員が出てさっそくすくおうとしたが、漁船と違って乾舷が高いのでなかなかとれない。やっと全部すくい上げたが、甲板の上は鯛で足の踏み場もないようになってしまった。みんな思わぬ「戦果」に大喜びであったが、その時、ある水兵が、「鯛やこう（なんか）、うちの方じゃ『猫の枕』じゃけんなあ」と広島弁でぼそっと言ったので、大爆笑となった。

そして、帰投すると、久保がその中の一番大きいのを小豆澤司令のところに持っていった。そうしたら、司令が、「よしよし」と言って、機銃とたまをくれた。久保夫人のところへは、紅顔の美少年・藤田従兵長が、やはり目の下四十センチ近くあるものを「どうぞ」と言って持っていた。しかし、爆雷でとると身がしまるらしく、固くてさばくのに困ったそうである。そして、乗組員たちは、それを一匹ずつ持って、遊郭へ乗り込んだ。

そしてその後、一週間ほど、朝・昼・晩・夜食が刺身、焼物、吸物と鯛づくしになった。しかし、それでも食べきれず、残ったものは甲板にロープを張って、鯛の満艦飾にしてすべてひものにした。大田兵曹長はそれを肴に毎晩一杯やっていたが、そのために鯛が食べられなくなった人もいた。ただ、それには二通りの種類があった。すなわち、一つは文字通り食べすぎた人。もう一つは、とりたての新鮮なものを食べたために、その後、どんなおいしい鯛を食べても「うまい」と思わなくなった人である。

そして、これで文字通り「味」をしめた乗組員たちは、その後も、船団護衛などで長い航海から帰ってくると、皆、新鮮な魚に飢えているので、すぐに魚をとろうか、ということになった。艦橋で相談をするのであるが、そのとき、いつも、機雷科の佐伯兵曹長と機銃の大田兵曹長の間でケンカになった。「爆雷をほうり込む」と言っても、けっこう高価なのである。そこに久保艇長が「まあまあ」といって中に入り、対潜掃討という名目で爆雷を落として、鯛をとった。

ところが、これをやると、根こそぎとられるので、ある時、漁船が怒って抗議に来て、だいぶ渡したこともあった。そして、久保はまた司令のところへ行って、機銃とたまをもらってくる。そこで、怒和島には、戻って来るたびに機銃が増えてゆき、常にたまも豊富に、というより、ふねの中がタマと爆雷だらけになっていた。
ただ、実は「瀬戸内で爆雷で鯛取りをすると、その艦は沈む」というジンクスがあったらしい。怒和島は危ういところで沈まなかった。これは「瀬戸内で鯛を取ると漁師さんに悪い」と艇長が言って、豊後水道などギリギリ外側でやっていたからであろうか。

また、これは大竹に入港した時のことであるが、若い兵が短艇《カツター》に乗って、夜、こっそりと出かけてゆき、漁師さんの仕掛けていた蛸壺を引き上げて、食ってしまったこともあった。ただし、このときは短艇が墨で真っ黒になってしまい、あとのそうじが大変であった。

二十年のはじめ、船団の護衛をして佐世保に行った時のこと、全商船を港内に送り、艇はまた引き返して、付近一帯に爆雷の威嚇《いかく》投射を行った。ところが、これが小鯵の群れにあたったらしく、またまた大漁である。入港するや、すぐにハラワタを出して、干物にするため前後部のマストにロープを張って吊り上げた。翌日、佐世保の鎮守府より、「貴艦は何をマストにあげておるか」とお叱りを頂戴する。艇長および分隊士以下、「申し訳ない」と言いながら、「やっぱりうまい。」また、富江に入港していた時には、広場に干してあるイカを取って、食ってしまった人もいた。

このように、食べ物の話が多く出てきて、それも「うまい」というのばかりである、ということは、それしか楽しみがなかった、ということもあるかもしれないが、むしろ「もう二度と食べられないかもしれない」という思いで食べていたからだ、ということもあるのであろう。

## 海上護衛隊総司令部

話は少し前に戻るが、十八年に入ると、日本輸送船団に対する米潜水艦の攻撃が本格化した。結局、この年だけで一六六万屯が沈められることになるのだが、このため、海外に依存するしかない民需確保のための船舶でさえ、企画院が最低必要であるとしていた三〇〇万屯を下回るようになり、戦争経済は破綻した。

そのような状態になってやっと、海軍部内でも、護衛兵力の増強が強調されるようになり、同年十一月、海上護衛隊総司令部が発足、よく十二月には、護衛専門の第九〇一航空隊もできた。

しかし、実際には、ふねも飛行機もなかった。たとえば、怒和島も護衛したこの海護総所属の空母「雲鷹*」（一七、八三〇屯）は、実は十六年末に第三次徴傭された商船「八幡丸」を改装したものであり、そのため装甲が薄く、「魚雷一発でおわり」と、乗組員にまで言われていた。また、艦載機の方は、さすが空母であるので、この時期せっかく航空戦艦に改装されながら、載せる飛行機がなくて、戦艦として使われていた「伊勢」とは違い、第三三一航空隊を載せてはいたが、九七式艦攻が十二機しかなかった。

従って本来なら、一時的にでも、聯合艦隊の兵力を割くしかなかったのである。しかし、海軍上層部は顧みようとはしなかった。海軍部内には、この時期になっても、決戦に勝利を収めればすべては解決するという決戦第一主義思想が、威光を保っていたのである。

## 台湾、沖縄へ

十九年六月三日、その海上護衛総司令部の第四護衛隊に編入された怒和島は、さっそくフィリピン方面の戦力増強のための、満洲関東軍の精鋭、兵器を満載した商船を護衛し、南方へ向かうこととなった。下関を出航し、会合地点へ向かう。待っていたのは、指揮艦の水雷艇以下、総勢二十数隻、堂々の船団である。

船団は、東支那海を「之」の字運動を行いながら、六節で南下して行く。

一年前、パラオに行った時とは、比較にならないほど緊張が高まっている。

艦橋には、両舷に二〇糎双眼鏡が、各一基設置してある。当直員はこれで見張る。

「前方四〇〇〇米、飛行機らしきもの発見！」

緊張が走る。――鳥であった。

「右十五度、潜望鏡らしきもの見ゆ！」

爆雷戦用意をして近づくと――一升瓶が波間に浮き沈みしていた。

この二〇糎双眼鏡の当直は、二時間交代であるが、非常に厳しい勤務で、見張り員の中には、疲労のため、双眼鏡を目に当てたまま眠気が出て、とんでもない方向を見て、前方異常なし、と報告するものも珍しくない。当直将校も苦笑いしながら、

「よく見張るように——よろしい」と、元気づける。

陽が沈み、夜が来る。暗黒の海が不気味なほど静かである。この時間帯が一番危険である。艦橋上部では、八糎双眼鏡をも使い、目を皿のようにして周囲を哨戒する。

この時、見張りを担当していたのは、高田、藤田の両兵曹であった。高田兵曹は、念仏なのかお題目なのか、口の中でしきりにぶつぶつ言っていたが、突然、

「オイ藤田、アノナー、俺が乗艇しているうちは絶対に撃沈されんからな、安心しろ」

この高田兵曹は、応召兵で、元は米屋をやっていた。どうみても軍人とは思えない、いかにも商人という、温厚な町のオジサンという人であったが、そんな人にそう言われると、若い藤田には、「そんなものなのか」と思われ、体の中に勇気と士気がフッフツと湧いてくるのであった。

夜中、雲行きが怪しくなってきた。風が強くなり波も高くなって、艇はローリング、ピッチングが激しくなる。空には星一つ見えず、霧が出てきて、視界は二〇米以下と

なった。船団の影も見えない。ただ通信だけが頼りである。急に右舷に黒い物体が見えた。

「右舷、僚船、近づきます。」

衝突すれば沈没である。当直将校は大田兵曹長であった。

「取舵一杯。」

商船は遠ざかっていった。

こんな夜は敵潜は深海に眠っている。

やがて夜が明ける。風波はまだ強く、荒れてはいるが、船団の数を数えて全船無事なのを確認し、ほっと一息をつく。そして今日もまた無事であるように、哨戒は続く。

——行く先は、台湾らしい——

船団は、一週間ほどかかって台湾へ到着した。艇はそこで護衛をはずれて見送り、基隆《キールン》へ入港する。まず一つの任務完了。乗組員は意気揚々であった。

藤田兵曹の川柳。

明日も又海原へ出動士気上る
しかしその後、この船団は、バシー海峡で敵潜の攻撃を受け、大半がやられてしまった。

これを皮切りに、艇の船団護衛も、サイパンが陥落し、敵の進攻が必至の状況になっていた、沖縄・台湾方面が中心になってくる。

## 鹿児島

それに伴って、艇の本土の起点が鹿児島になった。台湾や沖縄の方面から鹿児島に近づくと、まず目に入るのが屋久杉で名高い屋久島の、全島を覆う緑である。そして、明け方であると水平線上に一条の金色が走り、真っ赤な太陽が昇ってくるのは、すばらしい眺めであった。

しばらく行くと、正面に、富士山に似た開聞岳が頭を見せはじめ、そこを通って錦江湾に入ると、噴煙をあげる桜島。その頃、旗艦に、「適宜列ヲ解キ、錨地ニ向ヘ」の信号が揚がる。

はじめて山川港に入ったときは、桟橋に横付けするために、若い兵を短艇で上陸させ、艦首と艦尾のロープを陸上のピットに掛けようとしたところ、兵の動きが緩慢で

ある。早くしないか、とふねの上から怒鳴ったところ、

「足の裏が熱いのであります。」

それではじめて砂浜に温泉がわいていることを知ったのである。

その夜、さっそく皆で砂むし風呂に入りに行った。

鹿児島では、半舷上陸、たまには全舷上陸があり、一泊できるので、下宿が必要になった。

そこでみんなは、個人またはグループで探しに回った。やはり若い娘さんのいる家が人気であった。

天文館通の歯医者に下宿した二人は、当時外国音楽は禁じられていたはずであるのに、なぜか売っていた――ソ連はまだ「敵国」になっていなかったからかも知れない――「ヴォルガの舟唄」のレコードを買ってきて、聞きながら休んでいた。奥さんが、もし一日でも余分に休むことができれば、霧島温泉のほうに案内してあげましょう、砂糖が手に入れば、名物の「かるかん」を作ってあげましょう、といってくれた。しかし、どちらも実現しないままであった。

また照国神社近くの民家で、東京から疎開してきていた母娘の家に下宿した二人は、ある朝、時間を気にしながら、朝飯も食わずに帰ろうとしたところ、その美人のお嬢

さんから、せめて温かい味噌汁など飲んで行って下さい、元気がつきますから、といわれ、せっかくだからと急いで食って、「行って参ります」と玄関で母娘に敬礼して、波止場に走っていったところ、迎えのカッターがない。艇は、と沖を見ると、すでに出航用意で錨をあげている。しまった、とあわてた二人は、ちょうど隣にいた漁船に頼み込んで乗せてもらい急行、艇の後部から兵員たちの手を借りて甲板に上った。当直将校は星野兵曹長。罰直はなく、やれやれと思ったのであるが、実は二人が遅れたのを知って、艇長が待っていてくれたのであった。

そして今日もまた、船団護衛が始まる。

## 沖縄

那覇の状況である。

艇が最初に訪れた七月頃から、それまでほとんど無防備に近かった沖縄本島には、捷号作戦*に関連して、満洲および支那方面から、九*、二十四、六十二の精鋭三個師団が続々と到着し、陣地構築などでごった返していた。しかし、この頃には、まだ、赤い夕日が水平線に没する頃、地元の赤い瓦の飲み屋で、女将の弾く三線《さんしん》を聞きながら泡盛を飲むといったような、風情のあることもできたのである。しかし、この後、十月に行ってみて驚いた。市内は敵の爆撃によって丸焼け。遠くまで見渡せるのである。そして、海岸には見たこともない長距離砲の砲身が、分解されて並べられている。これは、実は、ソ満国境から転出してきて、沖縄戦後半に米軍を苦しめることになる、第五砲兵団（和田孝助中将率いる重砲、野戦重砲、中軽迫撃砲等三個連隊と二個大隊）のものであった。

さて、その那覇に、短時間入湯で上陸した。この時期、内地はすでに一種軍装、冬服になっているが、沖縄は暑いので、まだ白の二種軍装である。ところが、乗組員は上陸の時は白の服装であるから、町のあちこちに立っている番兵が、士官と間違えて「捧銃《ささげつつ》」である。大変気分がいいのであるが、市内が焼けてしまっているので、肝心の風呂屋がどこにあるのかわからない。迷っていると、向こうから兵を連れた陸軍の週番士官殿がやってくる。そこで、「『バス』はどこでありますか」と聞くと、キョトンとして、「『バス』とは何か」と聞かれる。「風呂であります」と言うと、バツの悪そうな顔で、「何だそうか」と言い、「向こうの小屋だ」と教えてくださった。

# 台湾

一方、台湾はというと、沖縄と同様、それまで無防備だったのが、同時期に五個師六旅団の兵力を備えるに至った。ただ、全島を要塞化した沖縄と違って、地域的に広いため、それほどの緊迫感は見られなかった。そのため、台湾を船団が出るときには、どこで聞いてくるのか、在住の日本人が、煉瓦くらいの大きさに固めた黒砂糖を荷車に積んでやってきて、送り先の荷札をつけて、内地に着いたら送ってほしい、と頼むのであった。そして、兵隊さんにもご迷惑をかけるから、と別に一山と、パイナップルも一山くれた。ところが、砂糖はとにかく、パイナップルの方は、食っても食っても食いきれず、さらに航海中は舷窓を締め切っているため、温度が上昇して腐ってしまい、やむを得ず、大部分を海に捨ててしまった。

十月六日、基隆を二番艦で出港した時である。前日、敵が投下していった機雷が、いきなり、間近で爆発した。足許から突き上げるような衝撃で、艇が三十センチくらい飛び上がった。宮本水兵長が指を骨折、艇は転輪羅針儀*ほか電気兵器がほとんど故障。ただ、主機は異常がなかったため、そのまま船団は予定通り航行、鹿児島へ戻った。

その後、艇は修理のため、他の小型艦艇とともに、呉のドックに入った。一夜明けて、ドックの底から見上げると――というのは、怒和島の場合、ドックの底に寝ているような状態であったので――となりにいた大きなふねは、レイテ沖海戦から帰ってきて修理中の戦艦伊勢*であった。

ところで、一度だけ、この基隆で、乗組員みなが肝の縮む思いをしたことがあった。港に入って、反転し、後進微速で岸壁に近づいて行く。後部では、これもいつもの通り、佐伯兵曹長が指揮をとっていた。ところが、後進の行き足が少し速いようである。さらに舵が右に寄らないといけないのに、左へ行く。目を上げてみると、岸壁が直角に迫ってくる。佐伯兵曹長が怒鳴った。

「危ない！　前進一杯、前進一杯！」

艦橋が気付いた。

「両舷、前進一杯。」

それで、今度は機関室が驚いた。後進微速から、いきなり前進一杯である。ただ、このあたりはディーゼルエンジンの強み。スクリューが一旦停止してから、逆に回り始めた。艇尾の方で、ザザザーッとものすごい音がして、あと一米もないところで艇は止まり、岸壁から離れ始めた。

いくら微速といっても、そのまま衝突していたら、後部はペシャンコ、居住区にいた機雷、機関、水測科などから何人か殉職する者が出たかもしれない。現在の自衛隊なら、無線で艦橋と連絡を取り合うのであるが、当時はよくて伝声管、小さなふねは通常大声を出して走って連絡していたからでもある。この時、艦橋の当直将校が誰であったのかはわからないが、もし艇長であったなら、海軍内でも有数の、上手の手から水が漏れかけた、ということであろうか。

## 五島列島沖

六月三十日〇六〇〇《まるろくまるまる》、艇は海防艦擇捉《えとろふ》*（八七〇屯）を旗艦として、海防艦十七号*（七四五屯）と共に七隻のふねを護衛して、基隆から本土へ向かった。

ところがその日の一四一〇頃、三貂角（基隆の東方の岬）東北東七十五粁附近で、早くも敵潜が発見された。輸送船は全速で退避、怒和島以下は爆雷攻撃を行って、制圧した。そしてその後の司令部からの情報で、予定進路にかなりの敵潜がいることがわかったため、船団はコースを変え、尖閣諸島の魚釣島から五島に直行することになった。

七月三日、二三〇〇頃、船団は五島列島の沖合い（32－25N, 128－50E）にさしかかっていた。内地まではもう少しである。この日は夜になっても暑く、多くの者は眠れないで、後部甲板で雑談をしていた。

その時、艦橋の当直員が、右舷方向に何かを発見したらしく、いきなり探照灯がついた。探照灯員は藤田兵曹である。甲板にいたものが驚いて光芒の先を見ると、照らされていたのは十七号であった。やれやれ、と思ったとたん、右前方四十度から、夜目にもはっきりと、赤白い線を引いて、二本の魚雷が艇中央部に向かってくるのが見えた。

「魚雷だ！」と叫んだものの、ほとんどの者が初めての体験である。膝が震え歯がガタガタ、身動きがとれない。佐伯兵曹長が、「雷跡！　雷跡！」と叫んで艦橋へ駆け上がる。「総員配置につけ」の命令が下るが、回避する間はない。久保は一瞬のうちに「厠外《かわやそと》に当てる。」

「舵、そのまま！」「総員、衝撃に備えよ！」

そして誰もが被弾、と思った瞬間、艇が波でひょいと持ち上がった。そして魚雷が艦艇をくぐったのである。

助かった、と思って顔を上げた直後、後ろで大音響が轟いた。あっ、と振り向くと、隣を航行していた一番大きな商船賀茂丸（七、九五四屯）の船腹に水柱が上がっている。直後、パッと真っ赤な火を発した。続いて二本、三本。水柱は火に映えて、船橋よりも高く並立した。

「面舵四十度！」「両舷前進一杯！」「爆雷戦用意！」「深度調定五十米！」矢継ぎ早

に命令が下される。続く崑山丸（二、七三三屯）も魚雷を受けた。擇捉や十七号も敵潜に向かう。「投射！」

攻撃の成果を確認する間もなく、取って返す。賀茂丸は大爆発を起こし、船首から一気に沈んでいった。この間、わずか八分。轟沈の場合、脱出する暇はほとんどない。賀茂丸では船客五百二十六名中四百九十六名、船砲隊三名、警戒隊七名、船員七名が戦死した（崑山丸では二十三名が戦死）。救助した中に、三歳くらいのかわいい少女がいた。「父チャン、母チャンはアッチ」と海を指す。みな暗然たる思いにとらわれる。

このとき、どうも敵潜は三角形に布陣し、要撃体制をとっていたようである。それがたまたまこちらが探照灯をつけたために、そこをめがけて撃ってきたのである。ところが、怒和島は長さの割に幅がなく、喫水下も二米六〇ほどしかないので、駆逐艦と思って魚雷の深度設定を深めにしたのが、このような結果となったのであろうと思われた。

## 台風

この台湾・沖縄へのルート、東支那海は、台風の通り道でもある。

そういう時は、敵も味方も、ふねは近くの港に入り、潜水艦なら沈底《ボトム》沈座して、台風が過ぎるまでじっとしている。

この時も、艇は奄美大島の薩川湾に入った。錨を入れ、岸に太いロープを渡し、全員警戒配備で一夜を過ごそうとしていた。

ところが、他にも避難してきている中で、一、〇〇〇屯以上のふねは、みな湾内へ出ていって錨泊する。それを見ていたある水兵が、あとで、「お前ら、楽やなあ」と言ったら、「アホか」と怒られた。実は、そういうふねは、常に風上に向かって、エンジンをかけ、風の強さに合わせてスクリューを回しっぱなしにしておかなければ、錨が切れて、場合によっては錨を引きずったまま（走錨）流されてしまうのである。そして、たいてい座礁か転覆する。大きいのも大変なんだ、と思った。

夜になった。雨は降り出さないものの、風はますます強く、雲がすごい早さで飛んで行く。そして時折、その間から顔をのぞかせる月の皓々とした光が、一段と凄味を増す。艇は、ただ待つだけである。

ところが、深夜、突然佐世保鎮守府より、「至急佐世保ニ入港サレタシ」との緊急電報が入った。降り出した横なぐりの激しい雨の中、ただちに出港準備、湾外へ出て驚いた。普通の波ではない。いわゆる三角波である。艇は第一戦速、十四節くらいで航行して行くが、艦橋の上を越えるのではないか、というような波が、右から左から正面から、次々とぶつかってくる。そのたびごとに艇はみしみしときしむ。そして、後部から見ていると、中央部から本当に捻《ねじ》れるのである。

「これは、折れるのではないか」

皆が心中ひやひやしていたところ、すぐに艇は微速に減速、波の上に斜めに乗るようにして進みはじめた。

よく、波が来たら正面から向かってゆく、といわれる。しかし、こういう時にそれをすると、波を越えて下がった時に頭をつっこんでしまう。その上、波頭が重なるとねじれの力が加わって、本当に折れてしまうのである。ところが、この「斜めに乗る」というやり方は、安全なのだが、ローリングとピッチングが重なって、とんでもない揺れになる。その後、居住区に戻った非番のものは、釣床に入ったが、隣の人や壁にぶつかるので、寝ることもできず、酔ってしまったものがかなりいた。

そして、翌日、やっとのことで佐世保に入った。

ところで、以前わずかに触れたが、十八年以降に竣工したふねは、早く、大量に造らねばならないため、独逸にならった溶接技術が多用され、戦時標準型と呼ばれた乙型丙型の海防艦などは、全部溶接であった。しかし、当時の技術ではやはり強度の点で問題が残った。この航海の後、乗組員の間では、「鋲《びょう》打ちだから耐えられたんだろう」という話が専《もっぱ》らであった。

## 東支那海

またこの海域では、このころ、漁船のふりをしながら、日本の艦艇の行動を米軍に通報するという、スパイ活動を行っているふねがいた。

ある時、やはり佐世保に向けて航行中、見張りが一隻のジャンクを発見した。中国の漁船のようである。ただちに停船を命じ、臨検を行う準備をする。ジャンクは五〇屯くらい、舳先に竜の彫り物がある。向こうの乗組員が目をむいて、口々に怒鳴っている。しかし、こちらは完全武装で、大田兵曹長はじめ運用科の平岡市郎兵曹以下兵五名がジャンクに乗り込む。この平岡兵曹は、怒和島に乗り組む前は上海陸戦隊にいたので、通訳として参加したのである。

結局、到る所を捜索したものの、不審なものは発見できず、解放した。

このように、十九年も終わりに近くなると、敵潜が次第に日本近海に集まってくるようになる。十二月末には、五島列島付近に敵潜現るの情報が続き、商船の撃沈が相次いだため、S作戦が発動され、二十年の正月は、下五島の玉の浦で、鏡餅も飾れず、淋しく迎えることになった。しかし、この作戦も、当てにならぬ情報ばかりで、艇はいたずらに走り回っているばかり、ということの方が多かった。

そして、さらにこの頃になると、艇の「敵」は潜水艦だけではなくなってきた。やはり那覇から内地へ商船を護衛して北上中、左舷前方、海面すれすれのところに、見たこともないような大きな、黒い物体を発見した。その物体はみるみるうちに大きくなった。中国大陸から戻ってきたB29だったのである。

ただちに、「対空戦闘用意」が命じられた。敵機はまず商船に向かって機銃を掃射してくる。ところが、それがどこかに命中したらしく、大音響とともに爆発、一瞬のうちに真っ二つに折れ、船首を垂直につき立てて沈んでいった。

敵機はそのまま反転して、後方から怒和島に向かってきた。二〇粍機銃の弾丸が、雨あられとふりそそぐ。艇は、他のふねからは敵機を引き離すために、全速で前進しながら、後部、舷側の全機銃で応戦。曳光弾がみごとに主翼に吸い込まれてゆくが、平気で追いかけてくる。結局、どれだけたったのか、B29はあきらめて引き揚げていった。そして、あれだけ撃たれたのに、なぜか、艇に弾痕は一つもなかった。一同、ほっと息をついたのであった。

この話には、続きがある。

久保夫人のことである。夫人は、十九年の半ばに、お腹が大きくなって、三蒲に帰っていた。ところが、たびたび胸騒ぎがして、近くの神社にお百度を踏んでいた。その最中に、鼻緒が切れる。危ない、と思う。あとは必死である。そのまま、足袋はだしで、お百度を続ける。次第に足が速くなって行く。

戦後、話を合わせてみると、どうもこの時のことだったようだ。艇がピッチングした瞬間、弾が顔をかすめていたのである。

## 石垣島

二月末、怒和島は陸戦隊を乗せた船団を護衛し、佐世保を出港した。那覇を経由して宮古島へ向かう予定であったが、途中、商船三隻と怒和島を含む護衛艦三隻は、急《きゅう》遽《きょ》、石垣島に目的地が変更になり、三月一日早朝、無事石垣に入港した。

石垣には久しぶりの輸送船団であった。「新兵器を持ってきた」という情報も伝わり——本当に積んでいたのかどうかはわからないが——防備隊や町の人々が迎えに出てきた。

そして、輸送船が物資を陸揚げして、次の航海の準備をはじめた八時ころ、敵戦闘機が一機、飛来した。陸上の高射砲が対空砲火を撃ちだし、敵機はすぐに飛び去った。そして、一時間ほどたって、また一機やってきた。これもすぐに去っていったのであるが、どうも、これらは、偵察だったようだ。

十時すぎ。それまで石垣では、空襲といっても数機単位のものばかりであったのが、南からF6Fヘルキャットとグラマン計十六機が編隊で向かってきた。

「対空戦闘配置につけ。」

敵機は一列縦隊になり旋回すると、太陽を背に輸送船団に向かって突っ込んでくる。

「撃《て》っ！」

全機銃が一斉に火を噴く。敵機はまず隣にいた海防艦福江*（八七〇屯）に向かった。だいたい飛行機を正面から撃っても、表面積が小さいから、なかなかあたらない。それがこの時、怒和島から見ると、ちょうどいい角度になった。

二五粍機銃は、口径が大きいので、発射速度が結構スローである。ダダダダッ、とはいかない。ドンドンドンドン、という感じだが、破壊力は大きい。二〇〇瓩爆弾を投弾して引き起こそうとしたやつが、まともに命中弾をくらって火を噴き、クードーの浜に墜ちて大きな火柱をあげた。次のやつは片方の主翼が吹っ飛んで、きりもみ状態で海上に落ちた。

そうしているうちに、大音響とともに福江が命中弾を受けた。火災が発生して、猛烈な黒煙を上げ始める。そして敵機は今度は怒和島に向かってきた。一機が急降下してくる。操縦士の顔が見えた。「若いやつだ」と思った途端、三発、艇に向かって投弾した。

爆弾が丸く見えた。後部ギヤロッカーの横で機銃の弾倉に弾を込めていた上田は、隣で同様に弾込めをしていた山本水測員に、「山さん、もう、あかんわー」と声をかけた。山本はその大阪弁を聞いて、これは本当にダメなんだと思い、その場に腰を抜かしてしまった。上田の方も身体が固くなり、前後に動くことさえできない。どうにもならず、そのまま二人で爆弾を眺めていると、急に長く見え始めた。それで、はずれた、と思った途端、力が抜けた。

実は、彼我の弾丸が飛びかう中、掌運用長宮前兵曹長が数人の兵を指揮して、敵機には目もくれず、悠然と揚錨作業を行い、艇は微速前進を始めていたのである。後に、艇長、「見事である」と一言。

この時、艇は、普段から豊富に持っていた弾丸をふんだんに撃ちまくった。三機撃墜。戦闘時間は二十分ほどだったが、乗組員には半日ほど戦ったような気がしたという。艇には機銃の弾痕が三つだけ。しかし福江の方は、航海長が即死したほか、戦死は二十三名、負傷者は三十七名に上った。駆潜艇は艦橋付近に軽微な損傷を受け、商船二隻は無傷であった。

敵機が引き揚げた後、全員に紅茶と乾麺包《かんめんぽう》が出た。この味は忘れられないものだった。

またこの時、地元の人たちは、防備隊の対空砲火がいつもさっぱりあたらないため、歯がゆい思いをしていたのであるが、日ごろの溜飲を下げたという。

しかし、この頃、この海域には、沖縄攻略作戦のため米機動部隊が集結していたのである。この日、沖縄本島に六百七十機、奄美大島に二百三十九機、徳之島二百四十五機、大東島にも九十二機の艦載機が来襲し、大規模爆撃を行った。そして石垣島の近海では、夕刻、那覇で怒和島と別れて予定通り宮古島に向かい、使命を果たした敷設艇の「燕」（四五〇屯）が、やはりグラマンなど四十機の攻撃を受け、魚雷二本を受けて沈没、宮古島港では輸送船の大建丸（二、二二〇屯）と、とよさか丸（一、九六六屯）が被弾沈没した。

怒和島の船団は、中破した福江を残して、翌朝ただちに出航した。湾外に出て進路を北に取り、約一時間。その時、聴音機の転把《ハンドル》を握っていた若い水測員が、ほとんど聞き取れないほどのわずかな反響音に気付いた。ただちに艦橋に報告するとともに、探信儀長の上田が受聴器をつけ、聴音機の転把を手動に切りかえた。

「右十度、四〇〇〇、感あり。」

次第に反響が大きくなる。

「感三。潜水艦だ。間違いない。」

「爆雷戦用意。」

「距離五〇〇、感四。」

「前進、両舷一杯、二三節。」

「投射！」

次々と爆雷が射出される。そして、しばらくすると艦底を突き上げるような、ズン、という爆圧が伝わってくる。少したつと、敵潜の油や遺留品が確認された。


その夜である。司令部から電報が入った。輸送船が北緯二七度一二分、東経一二四度二二分、尖閣諸島大正島北一二〇粁附近で撃沈されたので、ただちに救助に向かうべし、というのである。発光信号を送り、ただちに進路を変え、現場海域へと向かう。

朝になって着いてみると、たくさんの人が浮遊物につかまったりしながら、漂流している。すぐに短艇を下ろし、救助を始める。

このふねは、日輪丸（一、〇二〇屯）。本土に向けて航行中、B29と出会い、撃沈されたのだ。ただ沈むまでに時間があったため、戦死は十七名で、多くのものが救助された。
一夜明けて、船団は下五島の富江に入港した。

## 対馬海峡

このあと、艇は久しぶりに佐伯に戻った。対馬海峡東水道に機雷堰を敷設するためである。実は怒和島は、二月初めに、第七艦隊・第十八戦隊・機雷戦部隊に編入されていた。これは沖縄への敵の総攻撃が間近に迫り、輸送どころではなくなったこと、次の本土決戦に備えるためであった。

まず防備隊で、お偉方が大勢集まり、壁に掲げた大きな海図の前で作戦会議が開かれた。下関防備隊沖の蓋井島には、すでに白瀬衛所があって、ソ連潜の侵入を防ぐ要として活動していたが、今度は米潜水艦の日本海侵入を防ぐため、九三式機雷六千個でもって対馬海峡を完全封鎖しようというのである。「十九年一月、一万二千個で構成した東支那海・東南機雷堰に次ぐ大作戦である。」そして、侵入経路がどうの、速力がこうのという説明が長々と続いたが、内容の方は、結局よくわからなかった。

――だいたい、一般のものが聞いてわからないような作戦は、成功しないものだ。

――しかし、一箇所でこれだけ大量の機雷を保管しているところなどない。また、この部隊で一番大きい特設敷設艦の「高栄丸」にしても、機雷を敷設状態にして敷設甲板に置けば四百個、怒和島に至っては七十五個が限度である。ということは、一回の敷設が終わるたびに、いちいち佐世保、門司、佐伯、八幡浜などの保管地にまで取りに戻らねばならないのである。どうもこれは大変なことになりそうだと思われた。

四月十四日朝、日露戦争の栄光に輝く敷設艦「常磐」*（九、二四〇屯）を旗艦とし、高栄丸、同型艦の「済州」などとともに佐伯を出港した。怒和島が先導する。前日から夜を徹して行われた積み込み作業で、甲板上には茶ガマ――機雷の丸い頭がずらりと並んでいる。機雷は緊止鍵でがっちりと締め付けられ、露天ではあるが、少々の荒天では動くことはない。

　夕刻、部隊は姫島灯台沖にさしかかった。この付近では、たくさんの船がやられている。部隊も警戒を厳にしながら進んでいったが、突然、後続する高栄丸の右舷艦首部分に、大音響とともに大きな水柱が上がった。崩れた水柱は甲板上の機雷をたたく。敵機が投下していった浮遊機雷に接触したのである。後続の済州が急行するが、しばらくして高栄丸に、「被害軽微、航行ニ支障ナシ」の信号が揚がる。そこで部隊は再び進み始めたが、高栄丸から再び、別の個所に被害が発見されたため修理を要す、との連絡が入ったため、とりあえず山口県の小串へ入港、高栄丸はそこで修理を行った。その深夜、やはり同型艦の「新井埼」と合流し、計五隻となった部隊は、作戦海域へと向かった。そして昼すぎ、壱岐から対馬に向けて次々と機雷を投下し始めたところ、突然、後方にいた旗艦に、「作戦中止、直進セヨ」という信号が揚がった。先にも述べたが、機雷の深度調定は繋維索の長さによって行うのであるが、それを水深と逆の順から投下したため、索が長すぎて機雷が旗艦の前面に浮かび上がってしまったのであった。

そこで、作戦は直ちに中断、浮上した機雷は片端から爆破されたが、そのために思わぬ漁夫の利を得たのは、カモメばかりであった。

このように、怒和島などが、九州近海に機雷敷設を行っているころの四月六日、沖縄に突入すべく、戦艦大和以下、軽巡一、駆逐艦八、計十隻の第二艦隊は、その日の前を通って、豊後水道を出撃した。しかし、翌七日の一四《ひとよん》二三《ふたさん》、大和は徳之島沖で敵の第一波約百五十機、第二派約五十機の雷爆撃を受け、沈没した。

艇の中でこのことを真っ先に知ったのは、中村富治電信員であった。そして、そのことを聞いた乗組員は、いよいよこれで日本も終わりではないかと思ったが、口に出すこともできない。

そして、この第一次対馬海峡機雷敷設作業を終わり、艇が佐世保にいったところ、生き残った四隻の駆逐艦が入港していた。そのうちの一隻は、ひどくやられて、すでに入渠していた（「涼月」一、七〇一屯・大破）。また、残りの三隻も、入渠こそしてはいなかったものの、被害を受け、修理を行っていた。これが、栄光の帝国海軍の最後の姿だったのである。

## 怒和島の最期

四月三十日、怒和島は、二十二日から続いた機雷敷設作業を終え、ふたたび常磐などとともに、対馬東水道南機雷堰設置のため、機雷を積み込みに、佐伯に帰投した。

午前八時ころ、機雷科水兵長の宮木積夫は、士官一名、兵四、五名とともに上陸し、軍需部を経て防備隊に向かい、長島山西側の地下壕の機雷庫から機雷をトロッコで岸壁まで運んだ。

十時ころ、その機雷を積み込むため、怒和島は後進でゆっくりと岸壁に近づいた。距離が十数メートルになったとき、艇からのもやいを受け取るため、待っていた水兵が短艇に飛び乗った。それとほとんど同時に、突然、空から、ヒュー、ヒューという爆弾の投下音が聞こえはじめた。

「空襲だ！」

「伏せろ！」

短艇に乗っていたものは、すぐに岸壁に飛び上がり、防舷材などの陰に身をかくした。その直後、海上幅数十メートルの帯状に、数え切れないほどの爆弾が着弾、次々と炸裂し、大きな水柱をあげた。

後部三連装機銃の銃手だった安井種夫は、配置にはついていたが、空は暗雲がたれこめ、敵機の姿は見えず、爆音も聞こえなかったので、空を見上げていると、突然、シューッと雨の降るような音がした。あっ、と思った瞬間、目の前が真っ赤になった。一瞬後、安井が気がつくと、背中に火傷のような痛みがする。手をあててみると血が流れている。そこで、略帽をこぶしにかぶせて背中を押さえた。

大田兵曹長が走って来る。

「安井、やられたか、前甲板まで行けるか。」

「はい。」

ふらふらと艦橋のところまで行き、そこで血を吐いて倒れた。

「被害報告せよ。」

「艦尾、応答ありません。」

「機関室、浸水。主機、異状ありません。」

爆弾が小型だったことと、機雷を積み込む前であったことが幸いしたのである。

「両舷前進、全速。」

港外へ出た。面舵を切り、艦尾を対岸の大入島に向けると、

「両舷逆進、一杯。」

対岸までは八〇〇米である。ガリガリガリッと艦底が浅瀬をこする音がしたと思ったら、ドン、と岸にのりあげた。

沈没はまぬがれた。しかし、後部甲板は吹っ飛ばされ、一部は、めくれ上がるような形で、後部機銃台のあたりから前に、おおいかぶさった。

石間の村でこの様子を見ていた、当時小学生だった方の話によると、「ちょうどアニメ映画を見ているようにゆっくりと持ち上がっていった」という。また、爆弾の雨がおさまってから、岸壁からこれを見た宮木は、飛行機の翼のように見えたため、一瞬、B29がふねの上に墜落したのではないか、と思った。

この日、爆撃を行ったのは、グアムを飛び立った第三一四爆撃飛行団のB29十一機。目標は、その前日、敵機を迎撃するために、陸軍飛行第五十六戦隊の三式戦闘機「飛燕」十二機が飛来していた佐伯飛行場であった。B29は海側東南方向からレーダーによって進入し、五〇〇ポンド爆弾二百四十二個を目視で投下した。しかし、厚い雲にさえぎられて、爆弾の大部分は海上に落下、飛行場は東端の何もないところにいくつか穴があいただけであった。

米軍の空爆報告書には、「本任務飛行の爆撃精度は不満足であった」「爆弾は目標区域外の佐伯湾に落下し、駆逐艦らしき一隻に命中、大爆発を起こす」「艦艇は全長二〇〇フィート以下にして、護衛艦タイプと見ゆ」とある。

このとき、空襲警報は発令されていたのであるが、伝わっていなかったところもあるようで、また、爆音もほとんど聞こえず、艇にとっては、まったく不意を討たれた、という状態であった。

艇が擱坐したあと、まず久保が命じたのは、弾薬庫の中のものを運び出すことであった。弾薬庫に火が入ったら、石間の村が吹っ飛んでしまうかもしれない。地元の人には、「家から離れ、壕で待機するように」。さらに、「機雷が爆発するかもしれないから、もっと遠くに行くように」とおフレが回され、山の上や、隣のイヨノ（字の名）の浦に避難した。

海を見ると、爆弾の中には、時限式のものも混じっていたらしく、時々大きな水柱が上がっていた。

四時ごろ、「もう大丈夫だ」という連絡があり、避難していた人が艇の回りに集まってきた。イリコ干し場には、大砲の弾や弾薬が種類別に、浜いっぱいに並べられており、夕陽を浴びて光っていた。みな、物珍しさに、おそるおそる近づいて眺めていた。

その後、戦死者の遺体を運び出して、近くの分教場に安置した。

同時に、久保は第二波も予測した。そこで、戦死者の遺体を運び出した後、すぐに、全員で、機銃をすべてはずした。単装の二五粍《ミリ》機銃などというものは、四、五人ですぐに外せるのである。そして、その機銃を石間の山の上に運び上げて、防空戦闘体制をとった。

重傷を負った安井は、看護兵の伊藤兵長の応急手当の後、内火艇で、時限爆弾がまだ時々爆発する中を、防備隊の医務室へ、さらに佐伯から列車で別府海軍病院へ搬送され、一命をとりとめた。「エンマ様を追い返した」と言っていた。

翌日、潜水夫が艦内に入って、さらに何人かの遺体を回収した。そして、十三名の遺体が、イヨの端（字の名）で荼毘《だび》に付された。

なお、各記録は、この時の戦死者を、荼毘に付された人数に合わせて十三名としているが、この他に、少年水測兵であった世良一等水兵が、爆撃で眉間をやられて海に投げ出され、その後、五日ほどたってから発見されているので、実は十四名である。

その後、久保は任を解かれ、残務処理の山田大尉がやってきた。

ところが、「航海」はまだ終わらない。ふねはたとえ着底しても、艦籍が除かれぬ限り「現役」なのである。だから、朝夕の軍艦旗の揚げ下ろしも行われた。その時、担当の黒岩少尉が美男子であったので、島の女性たちが大勢海岸に出てきた。村の人々は、艇がこのままだと、敵の攻撃目標になるのではないか、と恐れた。だが、艇は動けない。そこで、水兵たちは、民家に分宿して班ごとに防空壕掘りを手伝い、山の上の機銃陣地とともに、「島は俺たちが守る」という気持ちで、毎日を送っていた。

幸い、艇が攻撃されるということはなかったが、佐伯に対する爆撃は日増しに激しくなり、五月四日には飛行場が再爆撃を受け、せっかくの飛燕のうち五機が炎上し、五機が大破した。そして十三日には、今度は防備隊が全焼してしまった。

その後、生き残ったものには、次々と新しい辞令が下り、歯の抜けるようにふねを去っていった。

八月十五日以後、防備隊の全員は、機雷科倉庫に移されたが、九月になって、治安維持のため、岡本英雄、松島安一、上田三人の上等兵曹が、下士官巡邏《じゅんら》、市内の見回りを行ったこともあった。

そして、いよいよ除籍されることになった時、山田大尉が地元の区長さんの宅を訪れ、「これは大事なものだから預かっていて下さい」と、一つの包みを差し出した。

その家では、中味を知らないまま、神棚に上げ、奥さんが毎日ご飯とお水を供えて、ずっと預かっていた。

一方、艦体そのものの方は、石間の一番西の端、センダの木（字名）に乗り上げたまま、戦後六、七年、そのまま放置され、艦橋に上ったり、底を潜って泳いだりと、子供たちの格好の遊び場になっていたが、二十七年ころに解体された。

ところがそれ以降、この区長さんのお宅に不幸が重なるようになった。そして、それが、日が経つにつれ、親類にまで及ぶようになってきた。気味悪く思って、町のお寺に相談に行ったところ、この「預り物」の祟《たた》りであると言う。そして、そのようなものは、大きなお寺か宇佐神宮に預けた方がいい、と言われた。しかし、「大事なものだから」と言われた以上、簡単にそうすることもできず、どう扱っていいか困っていたところ、昭和五十八年、大入島で怒和島の慰霊祭が開かれることになった。そしてその際、とうとうこの「預り物」は、すでに故人となっていた久保艇長の御令息、賀不彦氏に返還された。

実は、これは、怒和島の「船霊様」だったのである。その後、「祟り」の話は聞かないので、「船霊様」は、よほど本来いるべきところに帰りたかったのではなかろうかと思われる。

## 戦後のこと

### 久保船長

五月か六月ころに怒和島艇長の任を解かれた久保は、呉鎮付となり、呉に向かい、そこでそのまま終戦を迎えた。そして、八月十七日か十八日ころ、夫人の言い方を借りると、「すごく早く」帰ってきた。

この後、久保は、トレードマークでもあったひげをすべて剃り落とした。戦死者の霊を弔うためであった。ところが、それをちゃんと言わないために、のちに久保に会った元乗組員の中には、例えば亡くなった母上の冥福を祈るためだ、といううわさが飛んだりした。

戦後の久保の最初の仕事は、米軍のＬＳＴに乗って、日本近海の掃海作業を行うことであった。機雷を発見すると、まず備え付けの機関銃で撃つ。ところが、艇のピッチングがひどくてまったくあたらない。そこで、久保が小銃で狙い撃ちにすると、ほとんど全部あたった。

その後、もとの大阪商船に復帰、北米、豪州航路に就いた。続いて、その腕を買われて南米航路に移り、移民船の船長になる。あるぜんちな丸の初代船長である。就任した最初、久保は全乗組員に訓辞を行っている。名訓辞だったらしい。怒和島のことに触れ、自分は戦争が嫌いであった。しかし、行く以上は、無事に帰ってこなければならない。そのためには何をしなければならないか。怒和島が助かったのは、「反応」が非常に素早かったからである。作業は機敏にやろう、ということだった。

まさに、これが、一番大切なことだったのである。

後に、久保が水先案内人《パイロット》になってからのことである。パイロットはふねに乗り込んで、船長から「全権を委譲します」と言われたあと、何でもいいからまず一つ命令を出す。止まっている場合なら、〝Dead slow ahead（前進微速）〟である。そして、実際その速度になるまでの時間を計る。そして命令を出すタイミングを決めるのである。ところが、反応の遅いふねになると、それでもなかなかうまくいかない。久保は、家に帰ると、家族に、「今日のふねは何秒だった。しっかりしている」とか、「だめだった」とか言っていた。そして、そのため、あるぜんちな丸の命令に対する反応は、非常に早かった。

擱坐した怒和島。戦後のもの（潮潮書房提供）

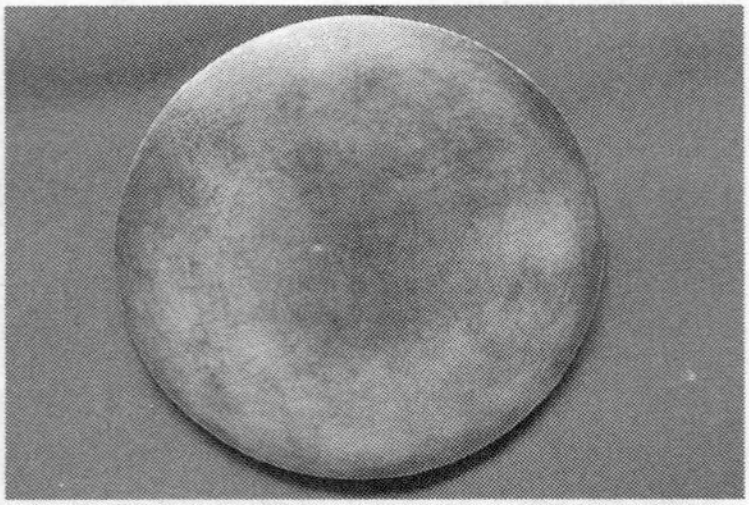

怒和島の船霊様。鏡は上が表。銘「怒和島／株式会社大阪鉄工所／起工　昭和十六年十一月二十六日／進水　昭和十七年七月三十一日／竣工　昭和十七年十一月十五日」(右から書いてある)

ところでこの時代、ゴルフが趣味であった久保は、ひまさえあれば、船長室の後ろのデッキで、海に向かってひもをつけたボールを打って練習をしていた。さらに、その姿を、当時まだ貴重であった8ミリカメラで部下に撮影させ、フォームのチェックまでしていたのである。そのため、腕前はシングルであり、テレビの「時の人」で紹介されたこともあった。

南米航路が終わった後、すぐ、今度はJETROに移った。この時、ちょうど建造中であったのが、巡航見本市船さくら丸であった。久保はこのふねに艤装から関わり、そのまま初代船長に就任した。このふねは、敗戦国日本が、再び「先進国」の仲間入りをした、ということを世界に示すものであり、日本を出航する昭和三十七年十一月十二日直前には天皇も行幸された。まさに、日本の期待を背負ったふねであった。そして、最新の工業製品百点以上を積んで、世界中を回ったのである。

さくら丸時代の久保船長
(久保賀不彦氏提供)

それが終わって、五十二歳になって

いたが、一念発起、もう一度勉強する、と言って会社を辞め、一年間猛勉強して、試験に合格、内海水先案内会に入り、パイロットとして六十三歳まで勤め、最後は理事になっていた。

四十九年のことである。久保は佐賀関で大怪我をした。パイロットはボートで大型船のところに行き、縄梯子を使って乗り組むのであるが、ギリシャ船籍のそのタンカーの場合、結び方がゆるく、ほどけて墜落したのである。それも、海の中に落ちれば助かったのであろうが、乗ってきたパイロットボートの上であった。全身骨折。この件は裁判にもなり、久保自身ももうだめかもしれない、と思われたが、佐伯で半年間入院した後、大阪に戻って、不屈の闘志で現役に復帰することになる。

そして、一年後の昭和五十一年七月六日、尿道狭窄からくる心不全で死去した。享年六十三歳であった。

ところで、久保には二人の息子がいた。長男一彦（賀不彦）、次男信彦（展啓）はいずれも理科系の大学を出たが、船乗りではない。しかし一彦の長男充弘が文系の大学ではあったが、船舶関係のところに就職した。祖父の血が孫に受け継がれたということであろう。

佐伯でともに活躍した由利島(上田秀久氏提供)

## 怒和島会と慰霊祭

怒和島会という会がある。

これは、怒和島乗組員およびその関係者の戦友会であった。昭和五十五年五月二十日、第一回設立総会が、大阪府警本部OB会館で行われ、その後、毎年実施されていた。平成十年からは、会員の高齢化に伴い、親睦会となっている。

この会に、由利島に乗り組んでいた並木道治が来たことがある。ところが由利島は、怒和島に先立つ二十年一月十三日、馬来半島南東沖で、米潜水艦コウビアの雷撃を受けて沈没、この人しか生き残っていないのである。並木が言った。

「これだけ生きていることは、すごい。」

五十八年四月三十日、会が主催して、佐伯の大入島公民館で慰霊祭が執り行われた。

敷設艇怒和島慰霊祭

敷設艇怒和島慰霊祭
佐伯市長

昭和58年の慰霊祭。三枚とも(沢田渡氏提供)

この日は、全国各地から集まった当時の乗組員、家族など四十人が参加、葛港《かつら》からチャーター船で出発。被弾した防備隊沖合まで来ると、船は緩やかに円を描き汽笛を鳴らす。菊の花束が投げ入れられる。その後、石間地区の公民館に場所を移し、慰霊祭が行われ、戦死者の冥福を祈った。

ところで、この時使われた焼香用の火鉢は、縦、横、高さがそれぞれ一尺ほどの白磁のものであったが、これは実は艇が被弾した翌日、海岸近くにあった分教場で戦死者の葬儀を行った際に使用されたものであった。当時、たまたま焼香用の火鉢がなかったため、アンカの火入れで代用したのだが、それが、この慰霊祭を行う前日になって、ある家で植木鉢に使われていることがわかったため、奇しき縁である、として再び用いたのであった。

なお、同じころ、大入島に慰霊碑を建立しようという計画もあったのだが、それには多額の費用がかかる、ということで中止、かわって、伊良湖岬の全国海洋戦没者慰霊碑に名簿が奉納された。

また、大入島では、この後、平成六年四月二十六日にも、二十四人が集まり、戦没者五十年祭を執り行っている。

二・三代目「ぬわじま」

海上自衛隊の艦艇には、旧海軍の、特に幸運だった艦艇の名を受け継いでいるものが多い。「怒和島」の名称も、やはり同様の仕事に従事するふねに引き継がれた。

二代目の掃海艇「ぬわじま」は、米軍から貸与されていた旧アルバトロス級沿岸掃海艇「ヘロン」を引き継いだもので、昭和三十一年三月二十一日に入籍、各地の掃海作業などで活躍した後、四十一年三月三十一日、特務船に転籍、四十二年三月三十一日に廃船となった後、よく四十三年八月十五日、津軽海峡西口で実艦標的となり沈没。

三代目の掃海艇「ぬわじま」は、「はつしま」型掃海艇十二隻のうちの三番艦で、昭和六十年十二月十二日に日立神奈川で竣工した。四次防タイプの中型掃海艇で、三次防「たかみ」型に比べて一回り大きく、航洋性を増している。「たかみ」型で、すでに見られた機雷掃討の考え方をさらに進め、新型処分具S4を搭載、処分の安全と迅速化を図っている。従来は、探知した機雷の処分のため、処分員が潜水して機雷に爆雷を装着、爆破していたが、この時から発見した機雷に有線誘導で爆雷を取り付け、艇からの遠隔操作により爆破処分するようになった。

大型化に伴って、「たかみ」型に比べて外寸は若干大きくなっているが、馬力、速力、兵装、乗員数などは変わっていない。また、船体は従来の中型掃海艇と同じ木製

3代目ぬわじま。舞鶴にて（坂哲郎氏提供）

だが、燃料タンクと煙突をFRP製にして、非磁性への配慮を示している。

呉、舞鶴など各地で活躍したが、機雷の高性能化にともない、新型処分具PAP－104、機雷探知機TYPE－2093、情報処理装置NAUTIS－Mなどを搭載した「すがしま」型の増備が進んだため、舞鶴地方隊の第四十四掃海隊を最後に、平成十四年五月三十日に除籍された。

今日の佐伯

現在の佐伯市は、平成十七（二〇〇五）年三月に隣接する上浦町、弥生町、本匠村、直川村、宇目町、鶴見町、米水津村、蒲江町と合併、人口は二万五千ほど増えて八万弱となったが、また、もとの静かな城下町に戻ったようである。

当時のもので残っているのは、わずかしかない。

航空隊関係では、まず、隊舎（本部）が、海上自衛隊佐伯基地分遣隊の建物として、そのまま利用されている。隣にあった兵舎は、かなり最近までそのまま残っていたのであるが、現在は、平成九年四月に開館した、「佐伯市平和祈念館・やわらぎ」になっている。

なお、この祈念館に「米軍撮影の写真」として展示してあるものは、怒和島が被弾

当時の航空隊隊舎(現海上自衛隊佐伯基地分遣隊)

したときの爆撃状況を、その直前に撮影した写真に米軍側が書き込んだものである。

また、この祈念館から約五〇米ほど駅よりの両側に、煉瓦造り、高さ一米八〇ほどの航空隊の門が残っている。

飛行場跡地は、興人佐伯工場になっているが、敷地内には指揮所の建物と掩体壕が二基現存している。ただし、保存対策が特になされてはいないので、指揮所の方はかなり傷みが激しい。

この航空隊に向かう鉄道引き込み線跡は「野岡緑道」として整備され、緑したたる公園へと趣を一変した。

水上機滑走台跡は、佐伯重工業の造船所である。

防備隊の方であるが、こちらは何も残っているものがない。

門の位置には現在ハローワークが建っている。本部は日本文理大学附属高校のグラウンドである。防備隊そのものの建っていたところは、空き地である。怒和島が被弾した防備隊前の岸壁は、当時のものであるが、そこから東の方はかなり埋め立てられてしまっている。

また、怒和島が乗り上げた石間の浜であるが、港が整備されて、現在は「浜」ではなくなっている。

なお、本文中にも書いたが、旧鶴見町にも戦跡がある。

まず、丹賀である。これは、陸軍丹賀砲台の跡地であるが、現在は丹賀ミュージアムパークとして整備されており、山の上にある砲塔の台座跡が見学できる。

また、その先の鶴御崎の灯台の付近には、陸海軍の砲台と観測所の跡があり、こちらもミュージアムパークとなっている。

この二か所について、少し説明しておく。

丹賀砲台が設置されたのは、昭和八年九月。ここの三〇糎加農砲二門は、巡洋艦伊吹の後部砲塔であった。しかし、昭和十七年一月に試射を行ったところ、各二発ずつの試射中最後の一発が砲腔内で暴発し、連隊長以下十六名の犠牲者と三十余名の負傷者を出す大惨事となり、設備も壊滅した。

そのため、急遽、それまで観測所の置かれていた鶴御崎に砲台を新設することになり、近隣町村より連日六百人以上を徴用、動員して、突貫工事の末、同年九月、二五糎加農砲四門が完成した。

その後、鶴御崎は、風雲急を告げる中、陸海軍百五十余名が防備に当たったが、実際に活躍することはなく、終戦を迎えた。

# 第二部——資料編

# 用語解説（本文中に＊印を付したもの。なお艦船については後にまとめてある）

アキカゼ　モモ

この二隻の駆逐艦は、豊後水道にはいなかったものの実在する。艦船の部（132、142頁）参照。

久保克彦　くぼかつひこ

大正七（一九一八）年九月五日生まれ。東京美術学校（現東京藝術大学美術学部）工芸科図案部を昭和十七年九月に首席で卒業。卒業制作の「図案対象」は学校買い上げとなった。卒業と同時に陸軍に入隊、予備士官学校を出て予備少尉となり、十九年四月中支へ出征、七月に少尉となるが、同十八日、湖北省當陽縣にて隊長として分隊を率いて敵の偵察・掃討に向かった際に狙撃を受けて戦死した。

その克彦に「海彦山彦図屏風」という作品があった。現在は「山彦」の下図のみが残っているが、その暗褐色の山彦像に対して、海彦像は輝くばかりの白い裸像であったという。山彦の顔が克彦自身なので、これは芸術的性格、情意的人間である自らに対して、兄を海の男、男性的な勇者、理知と秩序の人と見ていたということを示すものである。

克彦の作品は、他に長野県上田市の「無言館」に、自画像ほか数点が所蔵されている。

原速（力）　げんそく（りょく）

敷設艇の場合一〇kt。これより二kt刻みで、強速、第一戦速、第二戦速、第三戦速となる。

蛟龍　こうりゅう

特殊潜航艇甲標的の丁型として製造されたが、従来の甲標的より大型化し、乗員も増え航続力も十分なため、水雷兵器ではなく準艦艇として昭和二十年五月二十八日兵器に採用され、蛟龍と命名された。沖縄作戦から参加したが、特攻を目的としたものではない。

要目＝全長二六・一五〇m　全幅二・〇四〇m　直径二・〇四〇m　水中排水量五九・六八二t　速力水上八kt　水中一六kt　馬力内火一五〇HP　電動機五〇〇HP　安全深度一〇〇m　航続力水上八kt—一〇〇〇浬　水中二・五kt—一二五浬　行動日数五日　乗員五名　魚雷四五cm×2

**糎・サンチ**

センチメートルのこと。海軍ではこのように訛《なま》って発音する。一種の職業的方言である。

**時刻表示**　じこくひょうじ

軍隊では二十四時間表示を用い、時分は省略して数字のみで表す。例えば午前八時は〇八〇〇《まるはちまるまる》、午後一時は一三〇〇《ひとさんまるまる》という。

**捷号作戦**　しょうごうさくせん

日本軍が全面的に守勢に立たされた昭和十九年秋、米軍の進攻地域を四方面に想定し、その各地域ごとの反撃法を定め、大勢を挽回させようとした作戦の総称。一号から四号までである。一号は比島周辺、二号が台湾周辺、三号本土、四号北海道。従って十九年十月二十二日の艦隊出撃に始まるフィリピン沖海戦（レイテ海戦）はこの捷一号作戦によるものである（十七日発動）。

震洋　しんよう

海軍が作った特攻用のベニヤ板張りの小型モーターボート。昭和十九年八月二十八日兵器に採用。艇首に爆薬を装着し、敵艦船に体当たりする。構造が簡単で大量生産できたので、兵力が枯渇していた海軍にとっては、本土決戦の有力な兵器であった。

要目＝一型　全長六・〇m　全幅一・六m　吃水〇・六m　重量一・三五t　速力二三kt　航続力二〇kt―二五〇浬　装着爆薬三〇〇kg　一二㎝噴進砲一基

大尉　特務大尉　だいい　とくむだいい

旧海軍は学歴差別が非常に大きく、下士官から「たたき上げ」で昇進した士官を「特務士官」と称した。この特務士官の最高位は「特務大尉」で、階級的には「大尉」扱いであったが、兵学校出身の少尉の指揮下に置かれた。これら特務士官は昭和十七年十一月一日に改訂された「海軍武官階級及び海軍兵職階」において全廃され、同階級の士官へと編入された。
なお「大尉」の読みは、海軍の場合「だいい」である。これは明治期に階級を決定する際、最高位の「大将」を陸軍が「たいしょう」と呼称したのに対して、海軍は平安朝の職制では「だいしょう」であったとして「だいしょう」の読みを採用したことによる。こんなところにも「海陸の対立」があったのだ。

第九師団　だいきゅうしだん
この師団の主力である独立速射砲第三、七連隊、戦車第二十七連隊、野戦重砲第一連隊は、十九年七月九日、鹿児島から輸送船十二隻に乗船し、怒和島以下八隻の護衛を受け（カナ九一二船団）、十二日に全船無事に那覇に到着している。

大東亜戦争　だいとうあせんそう
昭和十六年十二月十二日、日本政府は八日の開戦以来、「対米英蘭（蔣）戦争」と仮称してきた戦争を「大東亜戦争」と呼ぶこととした。これは十日付の大本営政府連絡会議で決定されたもので、海軍は主として対米戦争の立場から「太平洋戦争」を、陸軍は大陸を含む名称を主張していた。

戦後、占領軍が「大東亜戦争」「八紘一宇」などの用語の使用を禁じたため、「太平洋戦争」の名称が習慣的に使用されるようになったが、独立を回復した今日では本来の政府の公式見解を採用すべきであると考えられるので、本書ではこの名称を使用した。

電纜敷設艇　でんらんふせつてい
港湾、海峡などの沿岸要地に侵入しようとする敵潜を陸上の衛所などから聴音機によって探知し、電路をONにして爆発させる九二式管制機雷を敷設するための特殊艦。艦首にケーブル用リールを持ち、一般のケーブル敷設船に似ている。四隻（初島《はしま》・釣島《つるしま》・大立・立石、いずれも一、五六〇屯）いたが、低速にもかかわらず船団護衛にも用いられた。そのため終戦まで生き残ったのは釣島だけであった。釣島については艦船の部（138頁）参照。

転輪羅針儀　てんりんらしんぎ
ジャイロコンパスのこと。高速で回るコマ（転輪＝ジャイロ）が一定の方向を指す性質を用いた計器。電磁波の影響を受けず、南北が地球の自転軸の方向と一致する。

通常の磁気コンパスと併用する。

年式　ねんしき

兵器の年式は、明治、大正、昭和でつけ方が異なる。明治時代は元号の数字を使用した。例えば明治三十八年制式の歩兵銃は「三八式歩兵銃」と称する。大正時代は元号に「年」を付す。例えば敷設艇燕の搭載していた「四〇口径三年式八糎単装高角砲」は大正三年に採用されたものである。昭和時代は皇紀の下二桁を用いた。怒和島の「九三式水中探信儀」は皇紀二五九三年だから昭和八年に兵器として採用されたものである。

なお皇紀二六〇〇（昭和十五）年の場合、海軍は零式、陸軍は百式と称した。前者には有名な「零式艦上戦闘機」（零戦）、後者には「百式司令部偵察機」などがある。

節・ノット

船舶の速度の単位。一時間に一浬《かいり》＝一・八五二km進む速さを一ノット（節・kt）という。

一浬（海里）は地球の緯度一分の長さ。ノーティカルマイル（nm）とも言う。長距離移動をする艦船や航空機では、緯度が一度違うと六〇浬ということになるので、地球規模での航法には使いやすい。船乗りはただ単にマイルと言うことが多く、そのためしばしば陸上マイル＝一・六㎞と混同される。なお浬は日本語なので、本来カタカナで書くのはおかしい。

兵曹長　へいそうちょう
陸軍の「准尉」に相当。士官である。陸軍および現自衛隊には「曹長」という階級が存在するが、これらはいずれも下士官の最高位であって士官には区分されないため、別のものである。

閉塞　へいそく
敵艦隊が要塞に守られた港湾から出てこない場合、出入口にふねを沈めて物理的に閉じこめてしまおうという作戦。一八九五年米西戦争の際、キューバのサンチャゴ港で米海軍により初めて行われた。日露戦争の旅順港における作戦が有名。

予備学生（制度）　よびがくせい（せいど）

昭和九年に海軍飛行科に創設。海軍は航空隊を重視したので、飛行科を拡充する必要があったが、初級士官が海軍兵学校卒業生だけでは不足するので、人材を確保するために設けられた。大学、予科、高等専門学校を卒業して志願し、試験に合格するとなることができた。それが昭和十三年整備科に拡大適用、支那事変の長期化、大東亜戦争の開始とともに、十七年一月から一般兵科も採用するようになった。なお一般に「学徒出陣」といわれる人は、ほとんどが「四期予備学生」となっている。

陸軍輸送潜航艇㋴　りくぐんゆそうせんこうてい・まるゆ

要目＝全長四九・四m　水中排水量三四六t　速力水上九・六kt　水中四・四kt　水中航続時間四kt—一時間　二kt—六時間　最大潜航深度一〇〇m　備砲四式三七耗舟艇砲一門（九五式軽戦車砲の改造。一式徹甲弾使用）乗員二五名（士官三、下士官兵二二）　貨物搭載能力米だけなら二四t。

終戦までに三十九隻が完成していた（うち戦没五隻）。

比島に派遣された三艇は、途中で米潜に発見され、「船籍不明ノ潜水艦発見。南下中」「船尾ニ日ノ丸。シカモ浮上航行中」「日本海軍ニアラズ。当分監視ヲ続行スル」などと報告されたりしたが、「潜水艦が真っ昼間に浮上航行するなどということをやっていたので、囮《おとり》と思って手出しをしなかったのではないか」（当時の乗組員の話）と、攻撃を受けることもなく到着した。

この三艇のうち、動ける状態にあった二号艇は、多号作戦（米軍の侵攻に対してレイテ島に陸上兵力を結集するための輸送作戦）に参加して、オルモック湾に浮上航行のまま突入を図り、敵駆逐艦隊と交戦して、十月二十八日〇一三八、撃沈された。残りの二隻は修理は完了したものの空襲と座礁により失われた。

聯合艦隊　れんごうかんたい

艦隊令によると、聯合艦隊とは艦隊二個以上をもって編成し、必要に応じ艦船を附属する、となっている。実際には海上兵力と航空兵力の主力をもって編成され、平時はもっぱら教育訓練に従事し、有事には外敵に当たり国防に任ずることを主任務とした。なお「聯合艦隊」は固有名詞であるので、「聯合」の表記が正しい。

【本文中に出てくる主要な艦船】

駆逐艦秋風　あきかぜ

一、二一五屯。日本海軍初の艦隊型一等駆逐艦（一、〇〇〇屯以上のもの）である峯風型の九番艦として大正十年四月一日、三菱長崎で竣工。大東亜戦争開戦後は同型艦の羽風、太刀風とともに第三十四駆逐隊を編成して第十一航空戦隊に附属し、台湾から比島間で不時着機を救助する仕事に従事していた（これを「トンボ釣り」と称した）。その後、航空部隊とともに南方に進出したが、十七年半ばになるとこの任務もなくなったので、通常の哨戒・護衛任務を行っていた。十九年十一月三日、ルソン島に向けての船団護衛中、サンフェルナンド島西方において米潜ピンタードの雷撃を受け沈没。

戦艦伊勢　いせ

大正六年十二月十五日、川崎重工神戸で竣工。公試排水量三二、〇六二屯。明治四十三（一九一〇）年の軍備充実計画により、扶桑、山城に続く超弩級戦艦の三番艦として建造、三五・六糎連装主砲六基を有し、日本艦隊の主力艦であった。大東亜戦争開戦後、ミッドウェー海戦の結果によって空母の急増計画が実施されることとなり、工期の短縮のため既成艦（戦艦、重巡）の改造案がいくつか取り上げられた。その結果、伊勢、日向の二艦が航空戦艦に改造されることになった。工事は十七年末より呉工廠において着手され、十八年九月に完成。公試排水量は三八、六七六屯、射出機二基を備え、搭載機は二十二機の予定であった。

十九年十月の捷一号作戦では、搭載を予定されていた第六三四航空隊が直前の台湾沖航空戦に投入され消耗してしまったため、搭載機のないまま小沢艦隊の空母護衛のために参加、空母四隻（瑞鶴・二五、六七五屯、瑞鳳・一一、二〇〇屯、千歳・一一、一九〇屯、千代田・一一、一九〇屯）は全滅したが、本艦は軽い損傷のみで帰投した。

その後は南西方面にあったが、二〇年二月、重要物資を満載して敵制空権下の南支那海を突破、呉に帰った。

三月十九日の呉の空襲により命中弾二発を受け、五月には音戸に繫留されて防空砲台となったが、七月十九日の空襲により直撃弾五発、続く二十八日には命中弾十八発、至近弾多数を受けて沈没着底した。

航空母艦雲鷹　うんよう

一七、八三〇屯。もとは日本郵船の欧州航路用の優秀客船八幡丸。昭和十五年七月三菱長崎で竣工。しかしその時にはすでにヨーロッパでは戦争が始まっていたため、サンフランシスコ航路についた。一年余りで徴傭、十七年一月から呉工廠で空母に改造された。五月に完成すると、早速ラバウルへ進出する第二航空戦隊の零戦や九七艦攻を搭載して現地へ赴いた。その後もトラックやパラオ、ダバオ、スラバヤなどへの支援に従事した。これら商船改造空母は華々しい海戦には一度も参加しなかったが、輸送の面で果たした功績には大きいものがあった。
十七年一月十九日、サイパン沖にて敵潜の雷撃により損傷。怒和島が水雷艇鳩（八四〇屯）などとともに護衛した際は、重巡高雄（九、八五〇屯）に曳航されて、修理のために横須賀に向かっていた。
十九年九月十七日、船団護衛中に南支那海東沙島南東において米潜水艦バーブの雷撃を受け沈没。

海防艦擇捉　えとろふ
八七〇屯。昭和十六年夏の戦時建造計画（㊗計画）で商船護衛用の海防艦三〇隻が建造されることになったが、その最初のクラス（甲型）の一番艦。日立桜島で十八年五月に竣工（ということは、このふねの隣で怒和島が建造され、一足先に完成していたわけである）。南方や北方の船団護衛に従事し、稚内で無傷で終戦を迎えた。

海防艦十七号　じゅうななごう

七四五屯。昭和十八年に入り、敵潜による商船の被害が増大したため、護衛艦艇を急速に量産する必要が生じて誕生した丙型海防艦の九番艦（同時期の丁型と区別するため、丙型は奇数番号を持っている）。九三式二型聴音機一組に三式二型探信儀二組を持ち、爆雷一二〇個を搭載、電動揚爆雷筒と三式爆雷投射機十二基を装備して迅速な爆雷投下が可能となり、強力な対潜護衛艦であった。二〇年一月十二日、サンジャック泊地において空襲により沈没。

新京丸　しんきょうまる

二、六七二屯。朝鮮郵船所属。昭和八年四月十一日竣工。日本〜ウラジオストック間の諸港巡回航路に就いていた。昭和十五年九月二十四日海軍に徴傭。佐世保鎮守府所管。佐世保防備戦隊に配属され、特設砲艦兼敷設艦となる。久保が転任した後の十八年に特設運送船となり、十九年三月二十四日、マニラからハルマヘラへ向け航行中二三五三頃、05−38N, 125−50E（ミンダナオ島チナカ岬東五二㎞附近）において米潜水艦ボーフィンの雷撃を一・二番艙中間に受け、防水の暇なく三分後に沈没。便乗者（海軍兵か？）四十九名、船員十二名戦死。

このふねは効率のよい機関部をはじめ各処に造船所の創意工夫が盛り込まれており、

他に十八隻の姉妹船を持つヒット作となった。そしてそのうち十二隻が特設砲艦または特設砲艦兼敷設艦となり（残りのふねもすべて輸送船として徴傭された）、ローカル部隊の中心的存在として活躍した。各船の名称は次の通り。
○新京丸、○盛京丸、△安州丸、定州丸、△京城丸、△平壌丸、泰国丸、八州丸（朝鮮郵船）、○大同丸、洛東丸、龍興丸、○慶興丸、○咸興丸（大阪商船）、※山鳩丸（山下汽船）、△日海丸（日産汽船）、○新興丸、○瑞興丸（大阪商船のち東亜海運）、※射水丸、△白海丸（砕氷貨客船）（日本海汽船）〈○印：特設砲艦兼敷設艦△印：特設砲艦　※印：山鳩丸…特設電纜敷設船、射水丸…特設掃海母艦〉
なお新京丸については、しばしば大連汽船の同名船（五、一三九屯）と混同している資料が見られるので、注意を要する。

たるしま丸　たるしままる
四、八六五屯。浜根汽船所属。昭和十九年一月十三日、佐伯を怒和島等の護衛を受けパラオ向け出港。十六日二二五〇頃、沖ノ鳥島北北西二五〇㎞附近にて敵潜より砲撃を受け損傷。そのまま航行を続けたが、十七日〇五四〇頃、24-00N, 134-00E（沖大東島東南東三〇〇㎞附近）にて浸水により沈没。海軍兵六一三名、船員二〇名戦死。

なお、このふねの救助作業に関する「行動調書」の記事は誤りである（他のふねも救助に向かっているが、発見できなかった）。

電纜敷設艇釣島　つるしま

一、五六〇屯。昭和十六年三月二十八日、川崎重工艦船工場にて竣工。佐伯防備隊に所属、主として豊後水道で活動していたが、戦時中に機銃の増備などが実施され、台湾方面への船団護衛にも従事、無傷のまま佐伯で終戦を迎えた。

戦後、逓信省では電纜敷設艇が不足していたため、二十年十二月に第二復員省（旧海軍省）から本艇の移管を受け、釣島丸（一、一八八屯）と改名の上、海底電線の保守と整備に当たった。その後二十七年八月、日本電信電話公社の設立とともにそちらに所属し、二十九年九月二十六日、青函連絡船五隻が沈没し、死者・行方不明者千四百三十名が出た洞爺丸台風の時も函館にいたが無事で、昭和四十三（一九六八）年三月まで第一線で活躍した。

敷設艦常磐　ときわ

明治三十二（一八九九）年、英国アームストロング社で竣工。排水量九、八五五屯。

日露戦争では第二艦隊（上村彦之丞司令）の装甲巡洋艦として活躍した。大正初期には士官候補生の遠洋航海にも使用された。大正十年、海防艦に転籍、さらに翌年九月には敷設艦籍に編入され、大正十二年に改造が完成した。これは津軽、阿蘇（初代）の老朽化にともなう措置であった。

昭和七年頃から予備艦として佐世保に繋留されていたが、十三年一月から大修理と改装が行われ、十五年に再就役（九、二四〇屯）、内南洋部隊である第四艦隊第十八戦隊に編入された。その後十一月十五日付で新鋭の津軽、沖島などと第十九戦隊を編成し、開戦当初は内南洋の海面防備に活躍した。その後十八年五月に第五十二根拠地隊に移り、十九年一月には特設敷設艦などとともに第十八戦隊を編成し、第七艦隊や海上護衛総隊にあって大湊方面から東支那海、本土周辺の機雷敷設などに活躍した。二十年八月九日、大湊にて空襲により被弾、芦崎の東海岸に擱座して、そのまま終戦を迎えた。日露戦争、第一次大戦、満洲・上海事変、大東亜戦争のすべてを戦い抜いた殊勲、幸運、長寿の艦であった。

第五十二播州丸　ばんしゅうまる
二六七屯。西大洋漁業所属。昭和十七年一月二十日夜、フィリピン・ルソン島スピック湾内にて掃海作業中触雷沈没。船員十八名戦死。

海防艦福江　ふくえ

八七〇屯。昭和十八年六月二十八日、浦賀船渠にて竣工。擇捉型の十番艦。擇捉と同様、南方、北方の船団護衛に従事。石垣島で被弾した後は、羅針盤さえ壊れてしまったため、天測だけを頼りに、単艦で数日かかって佐世保へ戻った。そこで一ヶ月ほどかかって修理を行い、大湊へ帰る。七月十五日、八戸港外でまたしても敵機の攻撃を受け損傷するが、大した被害はなく、そのまま終戦を迎えた。

戦艦武蔵　むさし

六四、〇〇〇屯。大和型戦艦の二番艦として昭和十三年三月二十九日、三菱長崎造船所にて起工、進水の後、呉にて艤装工事を行い十七年八月五日に竣工。全長二六三米、幅三八・九米、四六糎砲九門を備え、一番艦大和と共に世界最大最強の戦艦であった。

同日、聯合艦隊第一戦隊に編入され、柱島にて猛訓練の後トラックへ進出、十八年二月十一日に山本五十六司令長官が大和から移乗、旗艦となった。

五月十七日、山本長官の戦死に伴いその遺骨を搭載して本土へ戻ったが、六月二十四日、天皇陛下の行幸を仰いだ後、再びトラックへ向かい（この際怒和島が護衛している）、索敵活動を行ったが、敵と遭遇できず、十九年二月十日、聯合艦隊はトラックより撤退した。

三月三十一日、聯合艦隊司令部の遭難により旗艦ではなくなるが、六月、「あ号作戦」に参加、空母の直衛として初めての実戦を経験した（マリアナ沖海戦）。

そして十月、「捷一号作戦」に第一遊撃部隊としてレイテ湾に突入するため出撃したが、二十四日、シブヤン海にて六波にわたる敵機の猛攻を受け、激闘九時間半、魚雷二六本（二本不発）、直撃弾二六発、至近弾二〇発以上を受け沈没した。沈没地点13-07N, 122-32N

戦艦陸奥　むつ

三三、八〇〇屯。長門型の二番艦として大正十年十月二十四日、横須賀工廠で竣工。当初から長門とともに日本海軍の主力であった。

大東亜戦争開戦後は、真珠湾作戦、ミッドウェー海戦に参加したが、実際に戦闘を行うことはなかった。

ミッドウェー海戦に敗れた聯合艦隊は、ガダルカナル島争奪のため全力を挙げて南方展開した。それにともなって陸奥も前進部隊（第二艦隊）に配属され、戦艦金剛、榛名（いずれも二七、五〇〇屯）とともに十七年八月十一日トラック島に進出したが、陸奥は前進部隊に追随できずとして内地に帰った。

十八年六月十八日、山口県柱島沖の聯合艦隊泊地に停泊中、大爆発を起こして艦体を断裂、沈没した。原因は最初三式弾の自然発火が疑われたが、乗組員の弾薬庫への放火であったとする説が有力である。

駆逐艦桃　もも

一、二六二屯。戦時急造駆逐艦である松型（丁型）の四番艦。昭和十九年六月十日竣工。もちろん映画の舞台である昭和十七、八年にはまだ存在していない。同年十二月十五日、高雄に向けて航行中、マニラ北西二五〇浬にて米潜水艦ホークビルの雷撃により沈没。

単行本　平成二十四年八月「敷設艇怒和島の航海〈改訂版〉」改題　元就出版社刊

| 怒和島 行動年表 | 怒和島関係 | 大東亜戦争／海軍関係 |
|---|---|---|
| 昭和一七・一一・一五 | ※大阪の日立桜島造船所にて竣工。<br>呉鎮守府籍に編入。<br>佐伯防備隊付属、呉防戦海上防備隊、敷設艦隊に編入される。 | |
| 二〇 | 呉より回航。佐伯着。 | |
| 二三 | 佐伯発。船団護衛。 | |
| 二五 | 佐伯着。 | |
| 二七 | 佐伯発。船団護衛。 | |
| 二九 | 佐伯着。 | |
| 三〇 | 佐伯発。目標艇となる。同日、佐伯着。 | 三〇　ルンガ沖夜戦。 |
| 一二・二 | 佐伯発。船団護衛。 | |
| 五 | 佐伯着。 | |
| 八 | 佐伯発。船団護衛。 | |
| 一二 | 佐伯着。 | |
| 一三 | 佐伯発。 | |
| 一四 | 佐伯着。 | |
| 一六 | 佐伯発。対潜掃討。 | |
| 一九 | 佐伯着。 | |

| | | |
|---|---|---|
| 二〇 | 佐伯発。対潜掃討。 | |
| 二四 | 佐伯着。 | |
| 二六 | 佐伯発。船団護衛。 | |
| 二九 | 佐伯着。 | |
| 三〇 | 佐伯発。 | |
| 三一 | 呉着。 | |
| 一八・一・一 | 入渠。修理工事。 | |
| 一五 | 呉発。佐伯着。 | |
| 一六 | 佐伯発。輸送船護衛。 | |
| 一七 | 佐伯着。 | |
| 一八 | 佐伯発。 | |
| 一九 | 油津（宮崎県）着。 | |
| 二〇 | 油津発。対潜訓練。 | |
| 二二 | 佐伯着。 | |
| 二五 | 佐伯発。船団護衛。 | |
| 二七 | 佐伯着。 | |
| 三〇 | 佐伯発。哨戒。 | |
| | | 一　ガダルカナル島総撤退開始。 |
| 二・二 | 佐伯着。同発。潜校教務。 | |
| 五 | 佐伯着。 | |
| 七 | 佐伯発。船団護衛。 | |

一〇　佐伯着。
一二　佐伯発。対潜船団護衛。
一六　佐伯着。
一七　佐伯発、着。
一八　佐伯発。船団護衛。
二七　佐伯着。
三・三　佐伯発。船団護衛。
八　佐伯着。
一一　佐伯発。対潜掃討。
一四　油津着、発。対潜掃討。
一五　佐伯着。
一七　佐伯発。対潜掃討。
一八　古江（鹿児島県）着、発。対潜掃討。
二〇　佐伯着。
二一　佐伯発。対潜掃討。宿毛（高知県）着、発。
二三　佐伯着。
二四　佐伯発。掃討訓練。同着。
二五　佐伯発。掃討訓練。同着。
二六　佐伯発。掃討訓練。同着。

三　第51師団輸送船団、ダンピール海峡で敵機の攻撃を受け全滅（ダンピール海峡の悲劇）。

| | | | |
|---|---|---|---|
| 二七 | 佐伯発。対潜掃討。 | 二七 | アッツ島沖海戦。 |
| 三〇 | 佐伯着。 | | |
| 四・一 | 佐伯発。対潜掃討。 | | |
| 二 | 佐伯着。 | | |
| 四 | 佐伯発。掃海訓練。同着。 | | |
| | | 七 | フロリダ沖海戦。 |
| 九 | 佐伯発。対潜掃討。 | | |
| 一二 | 安下庄《あげのしょう》（山口県屋代島）着。 | | |
| 一三 | 安下庄発。呉着。訓令作業のため呉に在泊。 | | |
| | | 一八 | 山本五十六聯合艦隊司令長官戦死。 |
| 五・一 | 呉発。佐伯へ回航。佐伯着。 | | |
| 四 | 佐伯発。船団護衛。 | | |
| 六 | 佐伯着。 | | |
| 七 | 佐伯発。対潜掃討。 | | |
| 八 | 佐伯着。 | | |
| 一〇 | 佐伯発。訓練射撃。同着。 | | |
| 一一 | 佐伯発。K511船団護衛。 | | |
| 一九 | パラオ着。 | | |
| 二三 | パラオ発。P523船団護衛。 | | |
| | | 二九 | アッツ島玉砕。 |
| 三一 | 佐伯着。 | | |

| | | |
|---|---|---|
| 六・五 | 佐伯発。教務、同着。佐伯発。輸送船護衛。 | |
| 七 | 油津着、発。佐伯に戻る。 | |
| 一一 | 佐伯発。対潜掃討。 | |
| 一三 | 内之浦（鹿児島県）着、発。対潜掃討。 | |
| 一四 | 佐伯着。 | |
| 一五 | 佐伯発。輸送船護衛。 | |
| 一七 | 土々呂（宮崎県）着。 | |
| 一八 | 土々呂発。輸送船護衛。 | |
| 二〇 | 佐伯着。 | |
| 二一 | 佐伯発。呉着。 | |
| 二二 | 呉発。佐伯着。 | |
| 二四 | 佐伯発、同着。 | |
| 二五 | 佐伯発。船団護衛。 | |
| 二八 | 佐伯着。 | |
| 七・七 | 佐伯発。船団護衛。 | |
| 九 | 佐伯着。 | |
| 一〇 | 佐伯発。船団護衛。 | |
| 一二 | 佐伯着。 | 一二　コロンバンガラ島沖夜戦。第2水雷戦隊司令部全滅。 |
| 一四 | 佐伯発。船団護衛。 | |
| 一六 | 佐伯着。 | |

| | | | |
|---|---|---|---|
| 二一 | 佐伯発。船団護衛。 | | |
| 二三 | 佐伯着。 | | |
| | | 二九 | キスカ島撤退。 |
| 三〇 | 佐伯発。対潜掃討。 | | |
| 三一 | 宿毛着。 | | |
| 八・一 | 宿毛発。対潜訓練。 | 一 | ビルマ国独立。 |
| 二 | 佐伯着。対潜訓練。 | | |
| 三 | 佐伯発、同着。 | | |
| 四 | 佐伯発。船団護衛。 | | |
| 七 | 佐伯着。 | | |
| 八 | 佐伯発。船団護衛。 | | |
| 一一 | 佐伯着。 | | |
| 一二 | 佐伯発、同着。 | | |
| 一三 | 佐伯発、同着。 | | |
| 一四 | 佐伯発、同着。 | | |
| 一六 | 佐伯発。対潜掃討。 | | |
| 一八 | 佐伯着。 | | |
| 一九 | 佐伯発、同着。 | | |
| 二一 | 佐伯発、同着。 | | |
| 二三 | 佐伯発、同着。 | | |
| 二三 | 佐伯発、同着。 | | |

| | |
|---|---|
| 二四 | 佐伯発、同着。 |
| 二五 | 佐伯発。呉着。 |
| 二六 | 実験作業のため、呉在港。 |
| 九・一二 | 呉発。Y装置試験。佐伯着。 |
| 一三 | 佐伯発、同着。 |
| 一四 | 佐伯発、同着。 |
| 一五 | 佐伯発、同着。 |
| 一七 | 佐伯発。呉着。訓令工事のため呉に在港。 |
| 二一 | 呉発。佐伯着。 |
| 二二 | 佐伯発、同着。 |
| 二三 | 佐伯発。曳的艦。 |
| 二五 | 佐伯着。 |
| 二六 | 佐伯発、同着。 |
| 二七 | 佐伯発、同着。 |
| 二八 | 佐伯発、同着。 |
| 二九 | 佐伯発、同着。 |
| 三〇 | 佐伯発、同着。 |
| 一〇・一 | 佐伯発。掃海訓練。同着。 |
| 二 | 佐伯発。掃海訓練。同着。 |

八 イタリア・バドリオ政権、連合軍に降伏。

| | | |
|---|---|---|
| 五 | 佐伯発。戦闘大掃海。米水津《よのうづ》（大分県）着。 | |
| 六 | 米水津発。戦闘大掃海。同着。 | |
| 七 | 米水津発。戦闘大掃海。同着。 | |
| 八 | 米水津発。戦闘大掃海。同着。 | |
| 九 | 米水津発。戦闘大掃海。同着。 | |
| 一一 | 米水津発。船団護衛。同着。 | |
| 一三 | 米水津発。同着。 | |
| 一四 | 米水津発。同着。 | 一四　フィリピン共和国独立。 |
| 一五 | 米水津発。佐伯着。 | |
| 一七 | 佐伯発。大掃海。福浦着。 | |
| 二三 | 福浦発。大掃海。同着。 | |
| 二四 | 福浦発。大掃海。佐伯着。 | |
| 二六 | 佐伯発。大掃海。米水津着。 | |
| 二七 | 米水津発。大掃海。同着。 | |
| 二八 | 米水津発。大掃海。同着。 | |
| 二九 | 米水津発。大掃海。福浦着。 | |
| 三〇 | 福浦発。大掃海。同着。 | |
| 三一 | 福浦発。大掃海。同着。 | |
| 一一・一 | 福浦発。大掃海。佐伯着。 | |
| 二 | 佐伯発。船団護衛及び対潜掃討。 | |
| 四 | 佐伯着。 | |

| | | |
|---|---|---|
| 五 | 佐伯発。艦隊護衛及び対潜掃討。 | 五　ブーゲンビル島沖航空戦はじまる。 |
| 六 | 佐伯着、発。船団護衛。 | |
| 九 | 油津着。 | |
| 一二 | 油津発。船団護衛。 | |
| 一四 | 佐伯着。 | |
| | | 一五　海上護衛隊総司令部新設。司令長官及川古志郎大将。 |
| 一七 | 佐伯発。大掃海。福浦着。 | |
| 一八 | 福浦発。大掃海。同着。 | |
| 二〇 | 福浦発。大掃海。同着。 | |
| 二一 | 福浦発。大掃海。同着。 | |
| 二二 | 福浦発。大掃海。佐伯着。 | |
| 二三 | 佐伯発。船団護衛及び対潜掃討。 | |
| | | 二四　マキン島玉砕。 |
| 二五 | 佐伯着。 | 二五　タワラ島玉砕。 |
| 三〇 | 佐伯発。船団護衛。 | |
| 一二・三 | 佐伯着。 | |
| 五 | 佐伯発。船団護衛。（※オ五〇六船団） | |
| 八 | 佐伯着。 | |
| 九 | 佐伯発。呉着。入渠修理。 | |
| 一九・一・六 | 出渠。 | |

| | | |
|---|---|---|
| 七 | 呉発。佐伯着。 | |
| 八 | 佐伯発。船団護衛。 | |
| 一二 | 佐伯着。 | |
| 一三 | 佐伯発。船団護衛。※にぎつ丸救助作業。 | |
| 一六 | ※丁抹《でんまーく》丸救助作業。 | |
| 一七 | ※たるしま丸救助作業。 | |
| 二五 | 佐伯着、発。対潜掃討。 | |
| 二七 | 佐伯着。 | |
| 三〇 | 佐伯発。樽島丸*遭難救助作業。 | |
| 二・一 | ※官房機密第〇一〇〇四六番電により佐伯防備隊付属を解かれ、呉鎮守府警備敷設艇となる。 | |
| 二 | 捜索を止め、空母「雲鷹」護衛のため父島に向かう。 | |
| 三 | 「雲鷹」護衛を止め、佐伯に向かう。 | 一〇～　聯合艦隊主力、トラック諸島より撤退。 |
| 五 | 佐伯着。戦備作業。 | |
| 一九 | 因島へ回航。因島日立造船所入渠。 | 一七　米機動部隊、トラック島を大空襲。被害甚大。 |

| | |
|---|---|
| 二八 | 出渠。 |
| 二九 | 因島発。呉着。戦備作業。 |
| 三・一六 | 自差修正。 |
| 一七 | 呉発。電波聴音機公試。 |
| 一八 | 佐伯着。 |
| 二三 | 佐伯発。呉着。 |
| 二八 | Y装置実験のため出動。 |
| 二九 | Y装置実験のため出動。 |
| 三〇 | Y装置実験のため出動。 |
| 三一 | Y装置実験のため出動。別府着。 |
| 四・一 | 別府発。佐伯着。 |
| 三 | 磁気探知機実験のため出動。 |
| 九 | 佐伯発。曳的艦。同着。 |
| 一〇 | 佐伯発。曳的艦。同着。 |
| 一六 | 佐伯発。曳的艦。同着。 |
| 一七 | 佐伯発。同着。 |
| 二〇 | 佐伯発。宿毛着。 |
| 二一 | 宿毛発。大竹（広島県）着。 |
| 二二〜二四 | 探信儀記録装置器装備。 |

| | |
|---|---|
| 二三 | ブラウン環礁玉砕。 |
| 三〇 | 米機動部隊、パラオ、ヤップ島に来襲。被害甚大。 |
| 三一 | 古賀峯一聯合艦隊司令長官事故死。 |

| | | | |
|---|---|---|---|
| | 二五 | 大竹発。探信儀防禦法に関する実験。安下庄仮泊。 | |
| | 二七 | 安下庄発。呉着。 | |
| | 二八 | 呉発。磁気探知機実験。佐伯着。 | |
| 五・ | 一 | 佐伯発。Y装置実験。同着。 | |
| | 四 | 佐伯発。Y装置実験。 | |
| | 五 | 佐伯着。 | |
| | 一〇 | 佐伯発。対潜掃討。 | |
| | 一一 | 佐伯着。 | |
| | 一二 | 佐伯発。諸訓練。同着。 | |
| | 一四 | 佐伯発。諸訓練。 | |
| | 一五 | 佐伯着。 | |
| | 二五 | 佐伯発。諸訓練。同着。 | |
| | 二八 | 佐伯発。交通艇。 | |
| | 二九 | 佐伯着。 | |
| 六・ | 一 | ※第四海上護衛隊に編入される。(この月、資料未着のため、記録なし) | |
| | | | 一九～二〇　マリアナ沖海戦。 |
| | 二三 | ※門司発。モマ〇九船団護衛。 | |
| | 三〇 | ※基隆発。タモ二〇B船団護衛。 | |
| 七・ | 一 | 船団護衛。 | |

四　長崎着。
五　長崎発。船団護衛。
六　鹿児島着。
九　鹿児島発。船団護衛。（※カナ九一二船団）
一一　那覇着。
一五　那覇発。護衛。
一六　宮古着。
一七　宮古発。船団護衛。
一八　石垣着、発。
一九　蘇澳（台湾）着。
二〇　蘇澳発。船団護衛。
二一　瀬相（鹿児島県加計呂麻島）着、発。船団護衛。
二二　鹿児島着。
二四　鹿児島発。船団護衛。
二五　瀬相着。
二六　瀬相発。船団護衛。
二七　那覇着。
二八　那覇発。船団護衛。
二九　瀬相着。

七　サイパン島玉砕。
一八　東条内閣総辞職。
二二　小磯国昭内閣成立。

| | | | |
|---|---|---|---|
| | 三一 | 瀬相発。同着。 | |
| 八・ | 三 | 瀬相発。船団護衛。 | 二　テニアン玉砕。 |
| | 四 | 山川（鹿児島県）着。 | |
| | 六 | 山川発。※カタ六二六船団護衛 | |
| | 八 | 瀬相着。 | |
| | 九 | 瀬相発。那覇着。 | |
| | 一一 | 那覇発。瀬底（沖縄本島）着。 | 一一　グアム玉砕。 |
| | 一二 | 瀬底発。船団護衛。 | |
| | 一四 | 山川着、発。鹿児島着。 | |
| | 一六 | 鹿児島発。山川着。 | |
| | 一七 | 山川発。※カタ七一七船団護衛。 | |
| | 一九 | 慶良着。 | |
| | 二〇 | 慶良発。那覇着。 | |
| | 二一 | 那覇発。 | |
| | 二二 | 宮古着、発。 | |
| | 二三 | 基隆（台湾）着。 | |
| | 二八 | 基隆発。 | |
| | 三〇 | 那覇着。 | |
| | 三一 | 那覇発。瀬底着。 | |
| 九・ | 一 | 瀬底発。 | |

三　鹿児島着。
七　鹿児島発。※カタ七一九船団護衛。
九　那覇着。
一一　那覇発。
一二　鹿児島着。
一四　鹿児島発。
一五　瀬相着。
一九　瀬相発。
二〇　鹿児島着。
二四　鹿児島発。
二六　那覇着。
二七　那覇発。慶良間着。
二八　慶良間発。
二九　宮古着、発。
三〇　蘇澳着。
一〇・一　蘇澳発。基隆着。
六　基隆発。
七　船浮（沖縄県西表島）着。
一〇　船浮発。

二九　聯合艦隊司令部、日吉台へ移る。
一〇　那覇大空襲。市街の九〇%が焼失（那覇が消えた日）。
一二〜一六　台湾沖航空戦。

一四　鹿児島着。
一六　鹿児島発。
一七　牛深（熊本県天草下島）着。
一八　牛深発。
二〇　呉着。
一一・九　入渠。
一三　出渠。
一五　呉発。
一七　鹿児島着。
二一　鹿児島発。機雷敷設。
二三　鹿児島着。
二六　鹿児島発。

一九　アンガウル島（パラオ）玉砕。
二三〜二六　フィリピン沖海戦。
二四　戦艦武蔵、シブヤン海にて撃沈される。
二五　神風特別攻撃隊初出撃。戦果大。
一九　人間魚雷「回天」初出撃。
二三　ペリリュー島玉砕。
二四　マリアナ諸島を基地とするB29（七〇〜一一〇機）、東京を初空襲。

| | | |
|---|---|---|
| | 三〇 | 那覇着。 |
| 一二・ | 一 | 那覇発。慶良間着。 |
| | 四 | 慶良間発。船団護衛。 |
| | 六 | 基隆着。 |
| | 一一 | 基隆発。船団護衛。 |
| | 一五 | 那覇着。 |
| | 一八 | 那覇発。船団護衛。 |
| | 二〇 | この日より、海護総電令作三三〇号によるS作戦に参加。対潜掃討に従事。 |
| | 二一 | 佐世保着。 |
| | 二三 | 佐世保発。S作戦のため行動。 |
| | 三一 | 玉之浦（長崎県下五島）着。 |
| 二〇・一・ | 二 | 玉之浦発。 |
| | 五 | 富江（長崎県下五島）着。 |
| | 六 | 富江発。 |
| | 七 | 佐世保着。 |
| | 一二 | 佐世保発。 |
| | 一四 | 佐世保着。 |
| | 一五 | 佐世保発。 |
| | 二一 | 久慈湾（鹿児島県奄美大島）着。 |
| | 二四 | 久慈湾発。 |

| | | | |
|---|---|---|---|
| | 二五 | 那覇着。 | |
| | 三一 | 那覇発。船団護衛。 | 二七　コレヒドール玉砕。 |
| 二・ | 一 | 第十八戦隊に編入される。 | |
| | 三 | 長崎着。 | |
| | 四 | 佐世保に回航。 | |
| | 二三 | 佐世保発。船団護衛。 | |
| | 二五 | 那覇着。 | |
| | 二七 | 那覇発。船団護衛。 | |
| 三・ | 一 | 石垣着。敵グラマン十六機と交戦。撃墜二、不確一、計三。 | 一　米艦載機、沖縄本島、大東島、奄美大島、徳之島、宮古島、石垣島に大挙来襲。 |
| | 二 | 石垣発。船団護衛。日輪丸救助作業。 | 三　米軍、マニラ占領。 |
| | 五 | 富江着。 | |
| | 六 | 佐世保回航。 | 一〇　東京大空襲。 |
| | 一六 | 佐世保発。機雷敷設。 | 一三　大阪大空襲。 |
| | 二〇 | 佐伯着。 | |
| | 二三 | 佐伯発。機雷敷設。 | |

二六　佐伯着。
三〇　佐伯発。機雷敷設。
四・四　佐伯着。
九　佐伯発。機雷部隊（※対馬海峡第一次機雷敷設）。
一四　※佐伯着。
一五　※小串（山口県）着。深夜、同発。
一六　※対馬海峡に機雷敷設。
一七　佐世保着。
二二　佐世保発。佐伯近海に機雷敷設を行う。
三〇　佐伯着。B29十一機と交戦。被弾。船体大破。そのまま終戦を迎える。
七・二〇　※第八特攻戦隊に改編。
八・一五　※第四予備艦となる。※佐伯防備隊付となる。

二五　硫黄島玉砕。
一　米軍、沖縄本島に上陸開始。
七　戦艦大和、徳之島沖で撃沈される。鈴木貫太郎内閣成立。
一二　米・ルーズベルト大統領死去。後任トルーマン副大統領。
一五　終戦の大詔渙発。

| | |
|---|---|
| 一一・二〇 | ※除籍。 |

註　本年表は、防衛庁防衛研究所戦史資料室蔵『敷設艇行動調書2／6（行動調書53）』を中心に作成したものである。なお※印は、同調書に記載されていないものである。

３代目「ぬわじま」MSC662
主要諸元

| | |
|---|---|
| 排水量（ｔ） | 440 |
| 全長（m） | 55.0 |
| 最大幅（m） | 9.4 |
| 深さ（m） | 4.2 |
| 喫水（m） | 2.5 |
| 主機 | ディーゼル２機２軸 |
| 機関出力(馬力) | 1,400 |
| 速力（kt） | 14 |
| 機関砲 | 20 mm × 1 |
| 掃海具 | Ｓ－４一式 |
| 乗員数 | 45 |

怒和島 主要諸元

| | |
|---|---|
| 基準排水量（ｔ） | 720 |
| 公試排水量（ｔ） | 750 |
| 全長（m） | 74.70 |
| 水線長（公試・m） | 73.30 |
| 垂線間長（m） | 69.50 |
| 最大幅（m） | 7.85 |
| 深さ（m） | 4.55 |
| 吃水（公試・m） | 2.60 |
| 主機（形式×基数） | マ式①３号Ｄ×２ |
| 機関出力（馬力、計画） | 3,600 |
| 速力（kt、計画） | 20.0 |
| 航続距離（kt－浬） | 14 － 2,000 |
| 燃料搭載量（ｔ） | 重油　35 |
| 備砲(口径 cm × 数) | ８単高×１ |
| 機銃(口径 mm × 数) | 13 連×１ |
| 機雷数 | 36 |
| 爆雷投射機 | 2 |
| 爆雷搭載数 | 九三式× 120② |
| 捕獲網 | ８組 |
| 乗員数 | 67 |

①　ドイツ、マン社からの技術導入により作られた型式。
②　捕獲網を搭載しない場合。

165　太平洋戦争中に活躍した特務艇

## 太平洋戦争中に活躍した特務艇

| 艦艇名 | 基準排水量 | 竣工年月日 | 建造所 | 沈没年月日 | 沈没場所 | 沈没原因 |
|---|---|---|---|---|---|---|
| 燕 | 450 | 4.7.15 | 三菱横浜 | 20.3.1 | 石垣島 | 飛行機 |
| 鴎 | 〃 | 4.8.30 | 日立桜島 | 19.4.27 | 沖縄北方 | 潜水艦 |
| 夏島 | 443 | 8.7.31 | 川島造船 | 19.2.22 | ガビエン北 | 砲撃 |
| 那佐美 | 〃 | 9.9.20 | 播磨造船 | 19.4.1 | ラバウル | 飛行機 |
| 猿島 | 566 | 9.7.20 | 三菱横浜 | 19.7.4 | 兄島西岸 | 〃 |
| 測天 | 720 | 13.12.28 | 〃 | 19.7.25 | カロリン諸島 | 〃 |
| 白神 | 〃 | 14.4.25 | 石川島造船 | 19.3.5 | 39-30N 142-00E | 衝突 |
| 成生 | 〃 | 15.6.20 | 三菱横浜 | 20.2.16 | 四国沖 | 潜水艦 |
| 巨済 | 〃 | 14.12.27 | 石川島造船 | | （中国引渡） | |
| 浮島 | 〃 | 15.10.31 | 〃 | 18.11.16 | 伊豆沖 | 潜水艦 |
| 平島 | 〃 | 15.12.24 | 三菱横浜 | 18.7.27 | 五島列島 | 〃 |
| 澎湖 | 〃 | 16.12.20 | 三井玉野 | 18.9.28 | 北部ソロモン | 飛行機 |
| 石崎 | 〃 | 17.2.28 | 三菱横浜 | | （中国引渡） | |
| 鷹島 | 〃 | 17.3.25 | 日本鋼管 | 19.10.10 | 沖縄付近 | 飛行機 |
| 済州 | 〃 | 17.4.25 | 日立桜島 | | （中国引渡） | |
| 新井埼 | 〃 | 17.8.31 | 三井玉野 | （20.10.4） | 室蘭沖 | 機雷 |
| 由利島 | 〃 | 17.11.25 | 日本鋼管 | 20.1.14 | マレー東南 | 潜水艦 |
| 怒和島 | 〃 | 17.11.15 | 日立桜島 | | | |
| 前島 | 〃 | 18.7.31 | 日本鋼管 | 19.10.21 | ルソン北西 | 飛行機 |
| 網代 | 〃 | 19.7.31 | 日立因島 | 19.10.1 | 28-20N 139-25E | 潜水艦 |
| 神島 | 〃 | 20.7.30 | 佐世保工廠 | | （ソ連引渡） | |

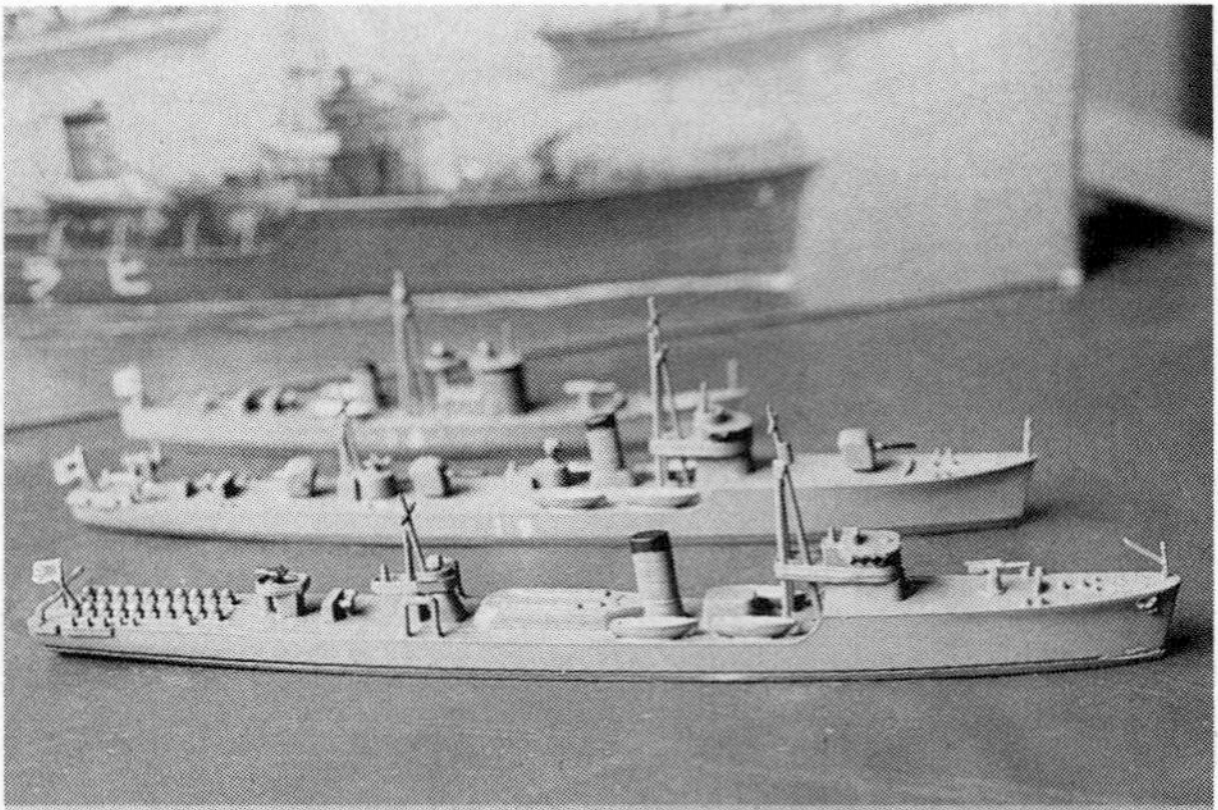

167　プラモデルの怒和島

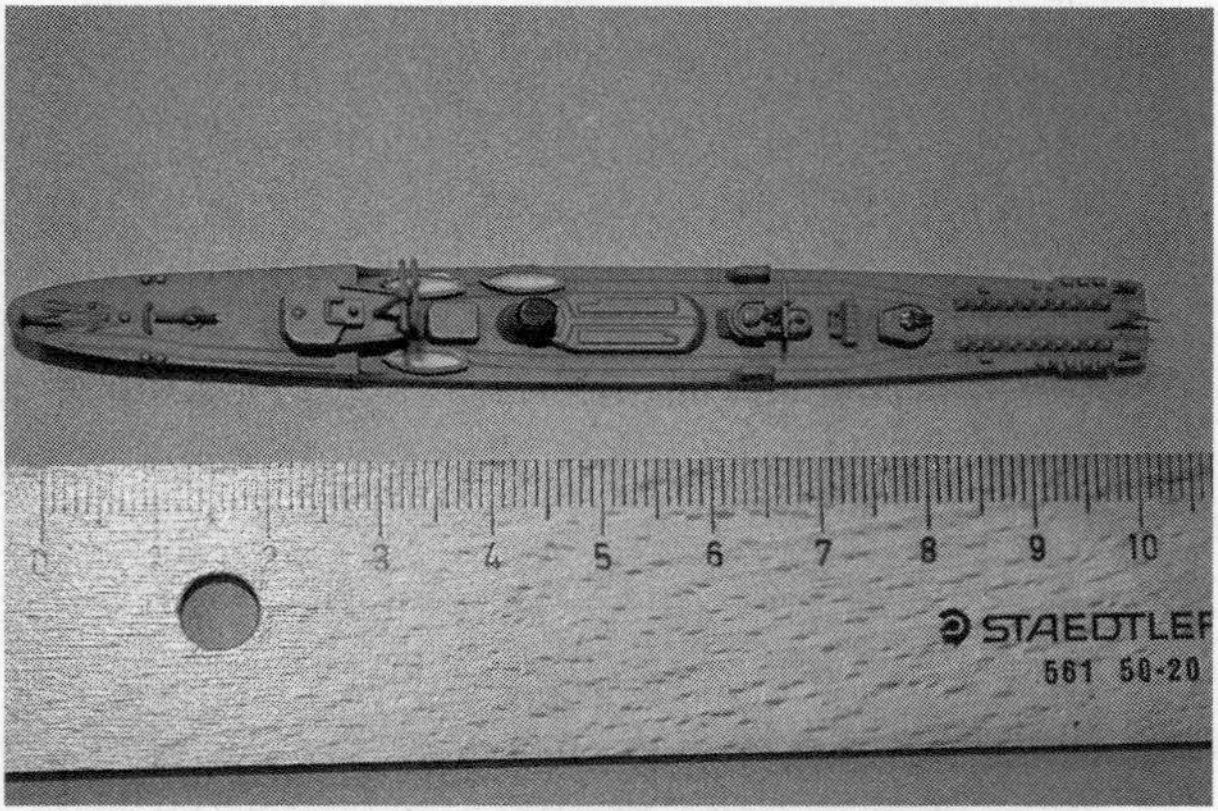


プラモデルの怒和島。タミヤから出ている1/700のもの（ウォーターラインシリーズ）。駆潜艇13号（438t）、掃海艇19号（648t）とセットになっている。とにかく小さいので作るのが大変だったそうである（久保賀不彦氏制作）

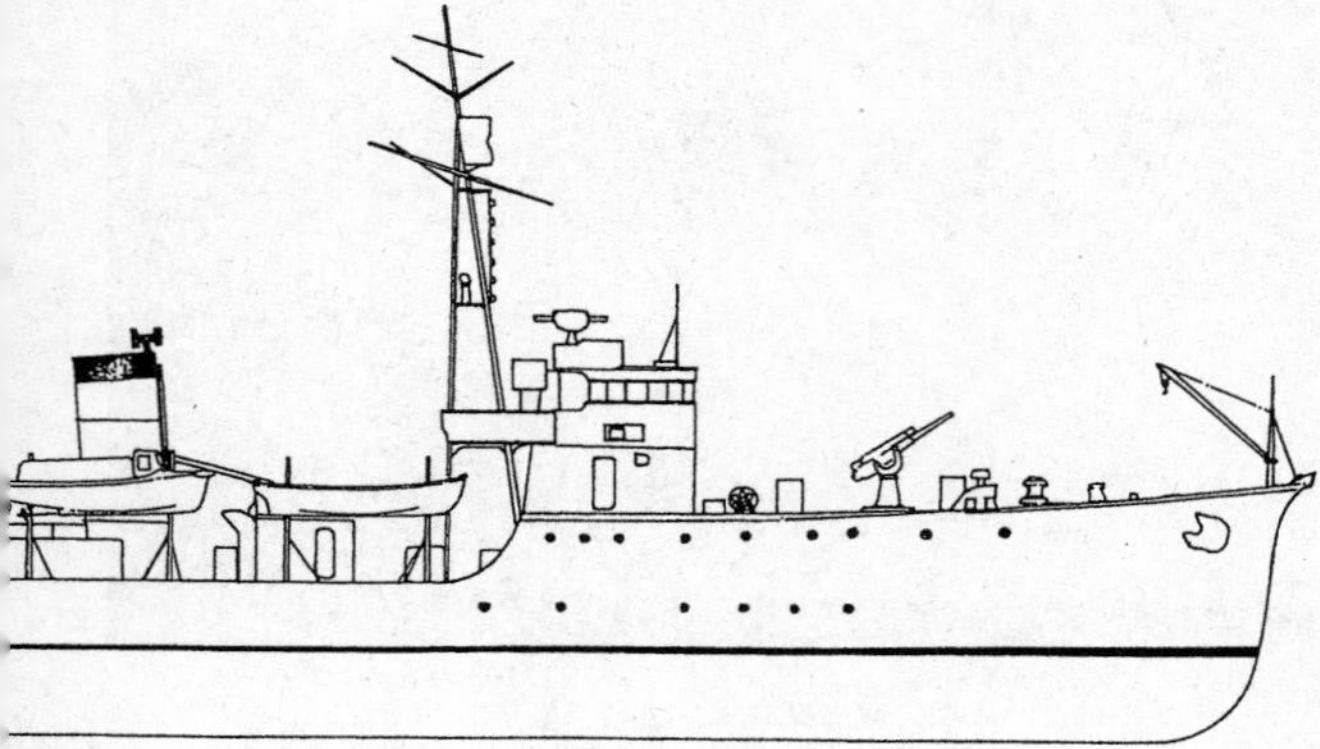

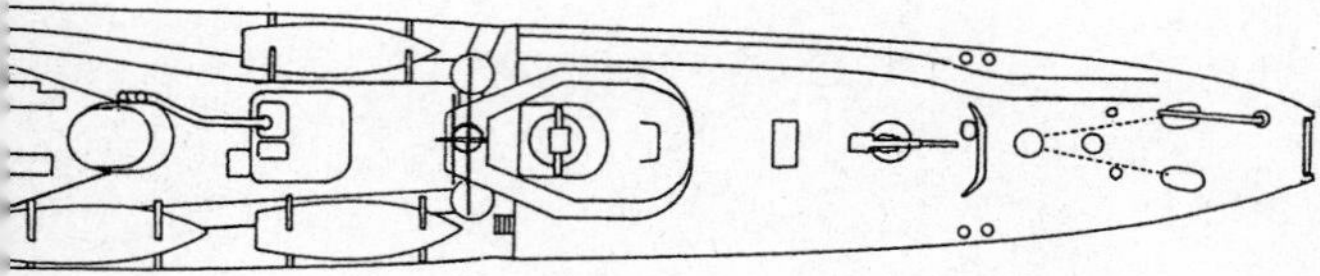

怒和島艦型図・公試時

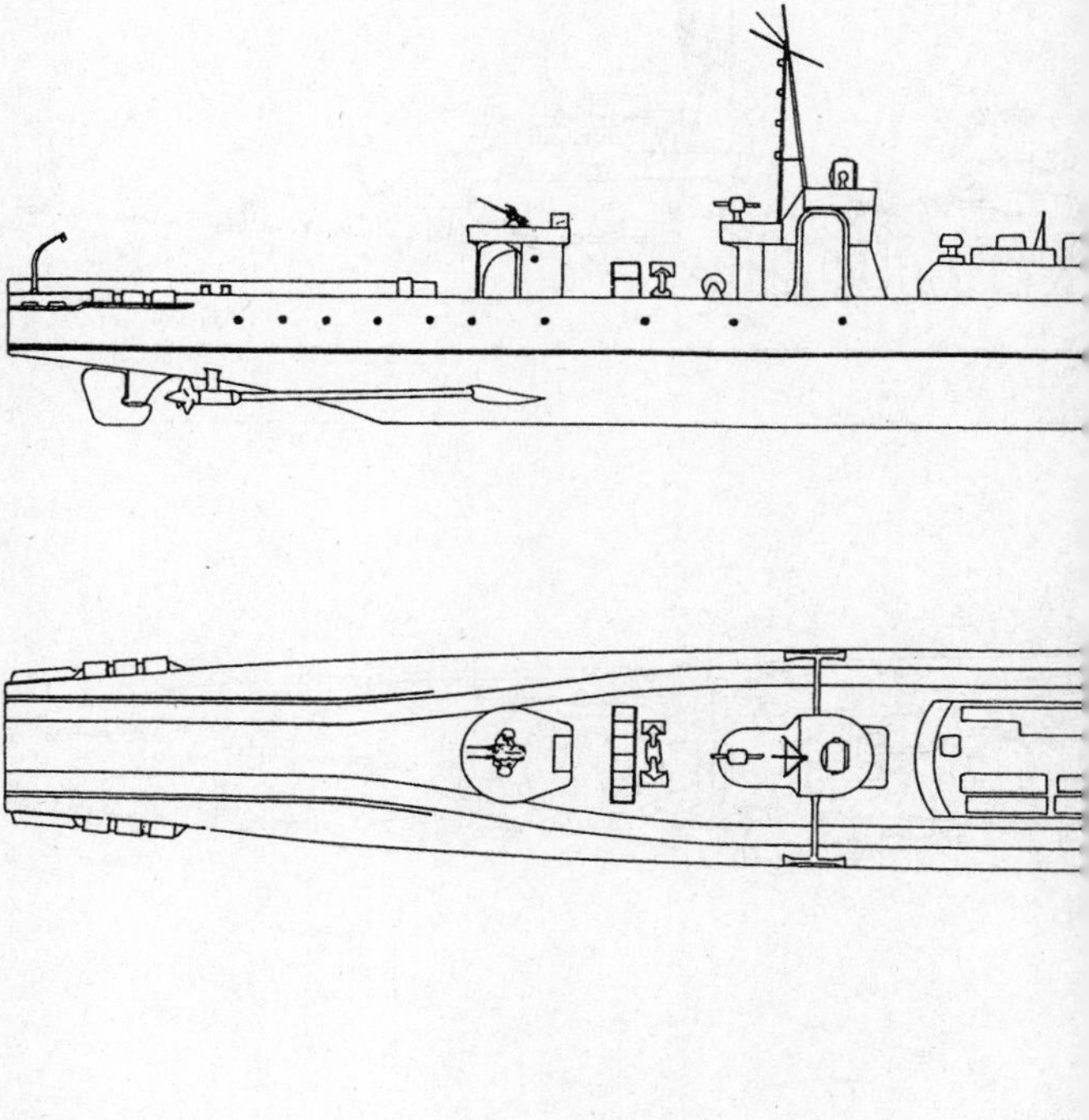

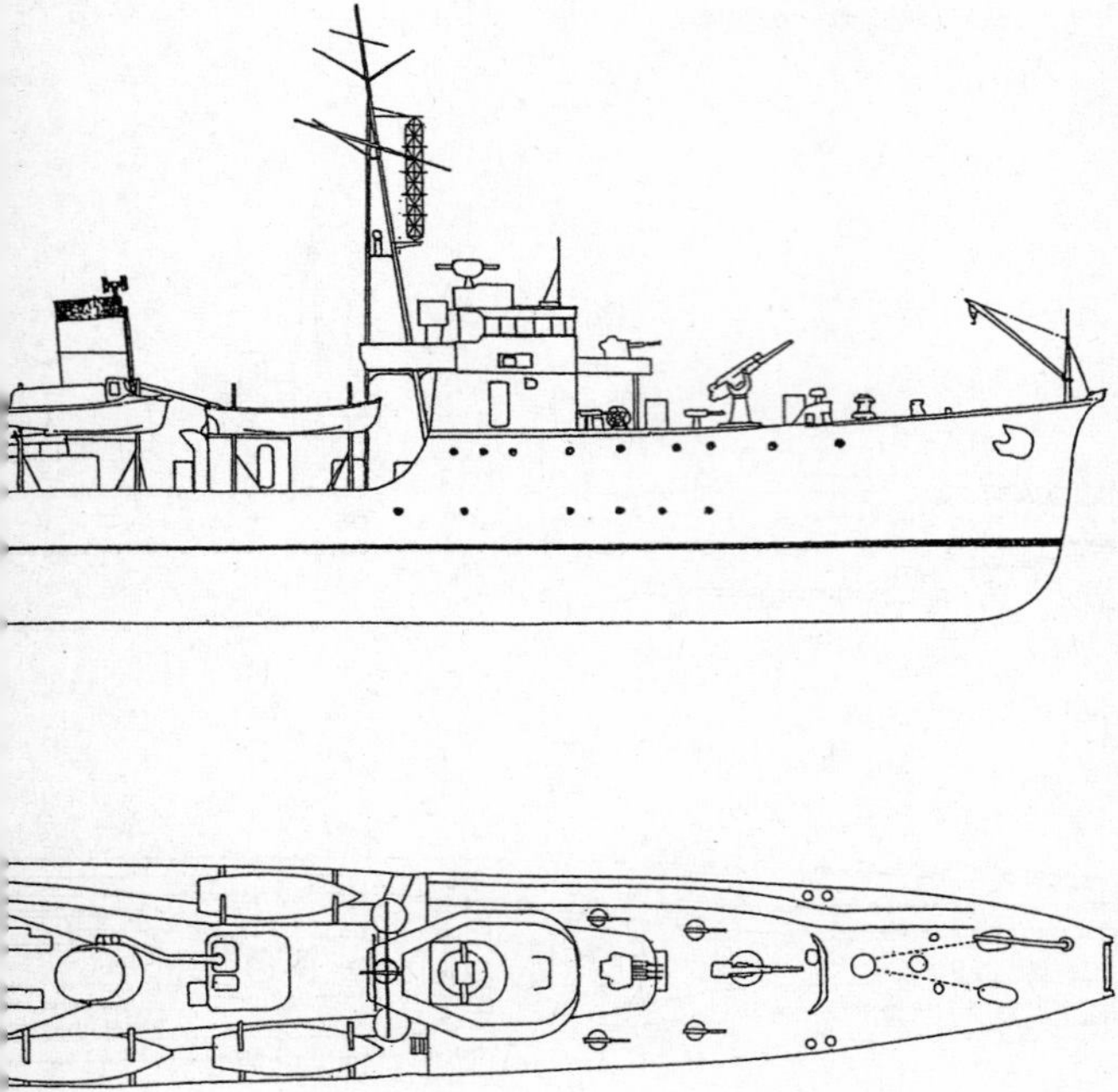

怒和島艦型図・最終型

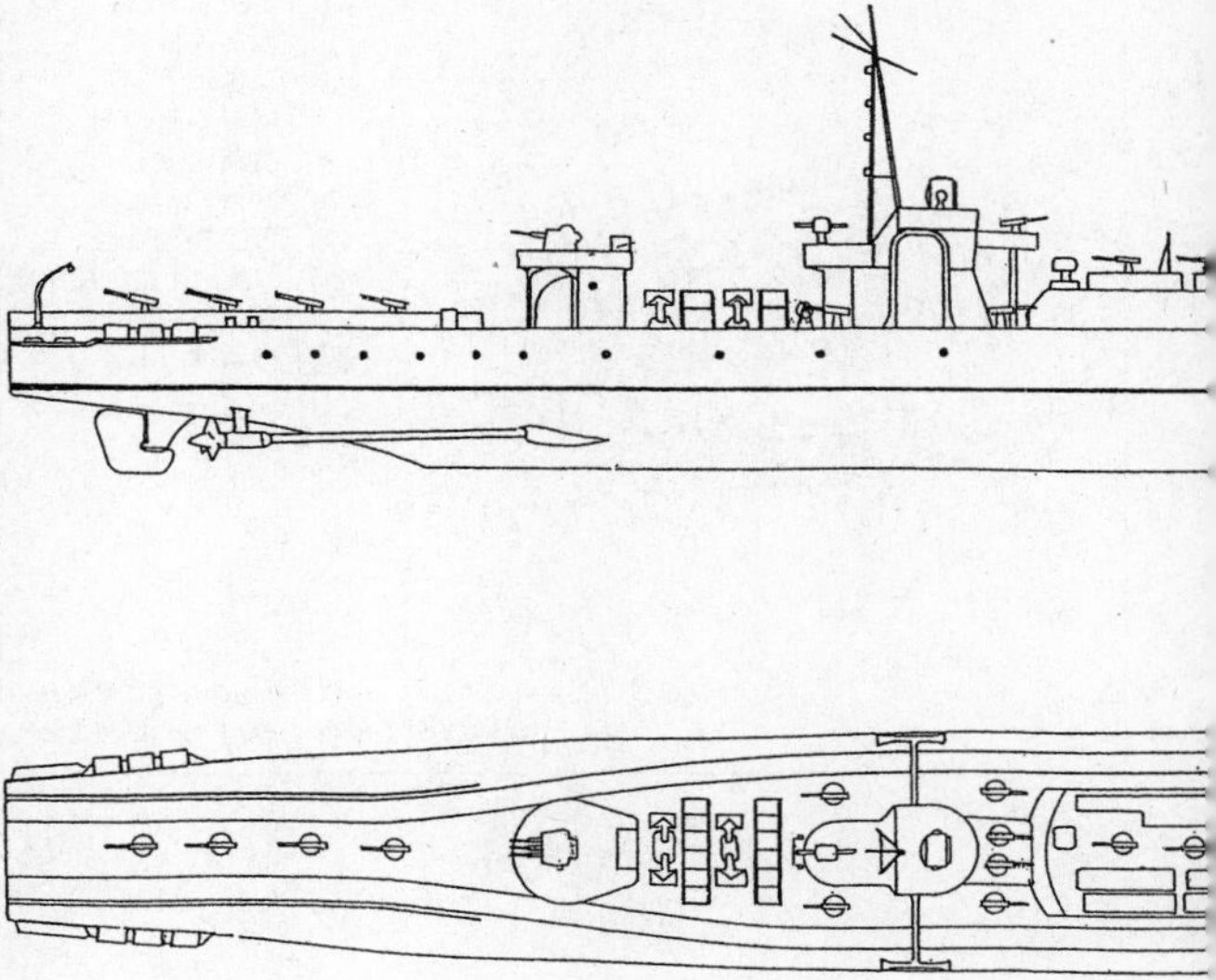

豊後水道防備要図

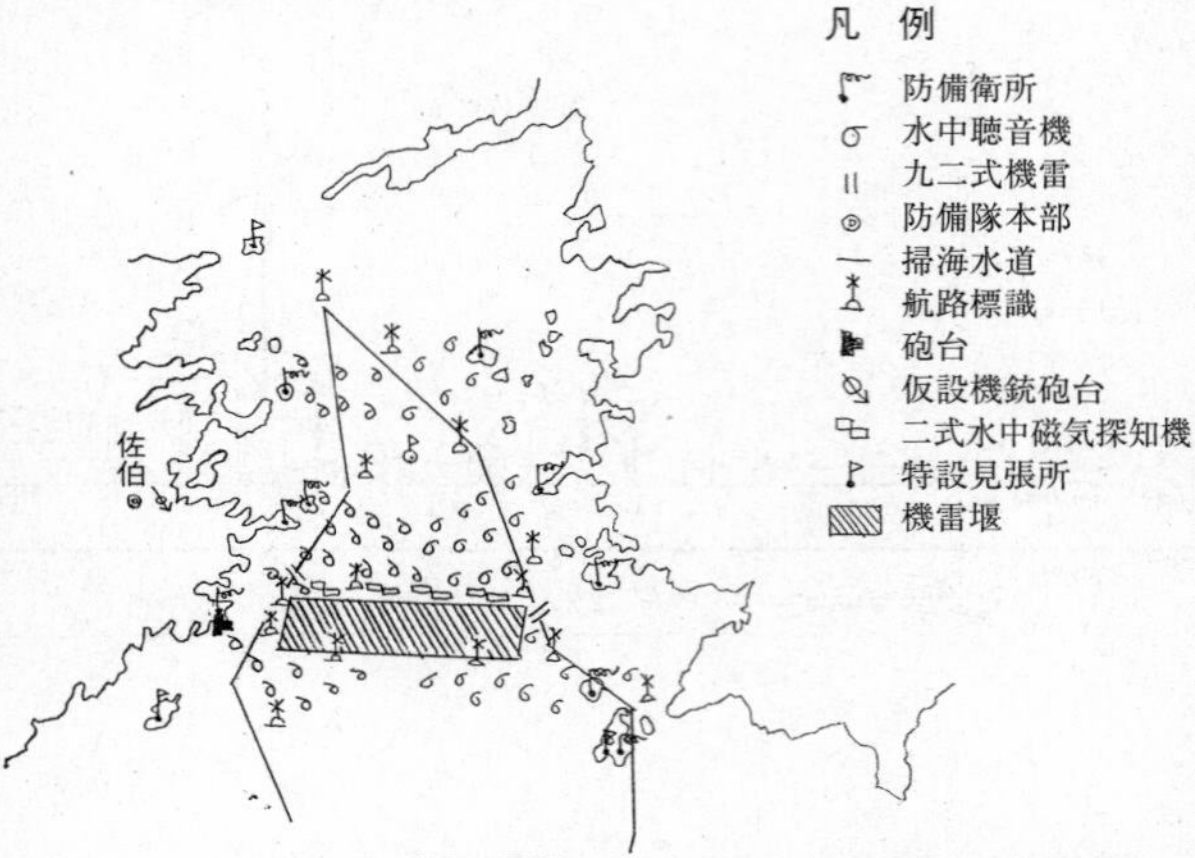


本図は丹賀ミュージアムパークにあるものを基に著者が作成したが、元は「佐伯防備隊戦時日誌」の附図である。

## 怒和島乗組員名簿

［准士官以上］

艇　長　久保　忠彦　大尉
艇　長　山田　大尉
丸田　中尉
先任将校（副長）
熊谷　富雄　少尉
高橋　少尉
高浜　少尉
掌砲長　大田　守義　兵曹長
掌機雷長　佐伯　兵曹長
掌運用長　宮前徳右ヱ門　兵曹長
水測長　大西　慶治　兵曹長
星野壽美夫　兵曹長

［下士官・兵］

砲術科

浅海　八郎
池永　実
市原
大栗　春雄
岡野　一良
岡本　英雄
利田
金川　勇次
河上　皎一
桐山千代一
河田　卓三
小林　岩男
嵯峨山芳治
沢田　渡
篠原　保
島崎　澄次
嶋村　裕
杉野　武
高瀬　小六
高田
高松　秋広
田中　博文
土井　正信
永田　京一
永本　房好
丹羽十三二
藤田　輝夫
前田　巳芳
安井　種雄
安清　義雄
吉永　又治

機雷科
先任伍長
行原　厚
大森　光男
川添淳之助
木原　勘一
島田　彦一
高橋　秀夫
田中　博文
都築藤次郎
橋本利兵衛
広田　清
福井　茂
宮木　積夫
宮下　茂

機雷科（水中測的
およびび電波探信儀）
有木　正行
板倉　忠一
市野
上田　秀久
遠藤　幸夫
菊田　敏一
倉西　吉治
小倉　藤吉
芝本
嶋　浩平
世良
中川　茂
林　登輝夫
的場
山本　宣夫

吉田

航海科・運用科
・通信科
北原　敏弘
中村　富治
平岡　市郎
松島　安一
松村　則政
山田　繁雄

機関科・工作科
（主機・電機）
岩本　唯二
岩本　義治
大塚　勇
大和田　稔

岡田　茂
岡野　萩夫
鈴木　富夫
瀬川
長尾　豊
杜師　昭人
長谷川重男
松浦　忠男
藤原　直太
丸毛　一二
三宅　政泰
山内　勝次
横島　茂

主計課
渓口　典夫
吉田　力夫

（兵科不明）
青木
青野
天野
伊藤
伊藤
射場
梅田
胡子
岡部
尾上
金子
栗林
河田　道雄
佐藤
志茂
下川
神保
鈴木
高橋
立石
中
平井
藤本
古川
堀袈佐太郎
松下
松田
山本

四月三十日の爆撃の際に戦死した人（再掲）
水兵長　金川　勇次

上水　嵯峨山芳治
水兵長　小倉　藤吉
兵曹長　平岡　市郎
二曹　永本　房好
水兵長　安清　義雄
上水　吉永　又治
兵曹長　中川　茂
一曹　木原　勘一
機曹長　山内　勝次
一機曹　大塚　勇
水兵長　桐山千代一
上水　嶋　浩平
一水　世良

【参考文献】

阿川弘之『軍艦長門の生涯』上下　東京・新潮社　一九七六・一
池川信次郎『戦時艦船喪失史』東京・元就出版社　二〇〇七・八
市川浩之助『キスカ〈日本海軍の栄光〉』東京・コンパニオン出版　一九八三・八
市村弘編『戦時輸送船ビジュアルガイド』東京・大日本絵画　二〇〇九・五
石垣市総務部市史編集室『市民の戦時・戦後体験記録　第四集』石垣・石垣市役所　一九八八・三
伊藤正徳『連合艦隊の最期』東京・文藝春秋社　一九六五・七
伊藤正徳『帝国陸軍の最期　I～V』東京・文藝春秋新社　一九六二・九他
潮書房編集部『丸　スペシャル』12戦艦伊勢、28海防艦、38日本の空母II、41日本の駆逐艦I、42敷設艦、47敷設艇　51日本の駆逐艦II　東京・潮書房　一九七七・五他
海軍対潜四期「波」編集委員会『波―海軍対潜四期記念文集―』(自費出版)　一九七七・一〇
海上自衛新聞社編集部『艦艇と航空機集』平成十三年度版、平成十六年度版　東京・海上自衛新聞社
木村亨『久保克彦遺作画集』(自費出版)　二〇〇二・七
国本康文『陸軍潜航輸送艇隊出撃す』(自費出版)　一九九九・五
駒宮真七郎『戦時輸送船団史』東京・出版協同社　一九八七・一〇
佐伯市教育委員会『佐伯市平和祈念文集』一九九七・三
佐藤太郎『戦艦武蔵』東京・河出書房　一九六七・九
高木晃治『足摺の海と空』東京・近代文芸社

一九九五・八
土井全二郎『陸軍潜水艦』東京・光人社（NF文庫）二〇一〇・一一
特定非営利法人語りつぐ青函連絡船の会『台風との闘い―洞爺丸はじめ5青函連絡船遭難記録・昭和29年9月26日』（函館市青函連絡船記念館摩周丸・海と船の企画展パンフレット）二〇一一・七
外山三郎『日本史小百科・海軍』東京・東京堂出版　一九九五・三
中村秀樹『本当の特殊潜航艇の戦い』東京・光人社（NF文庫）二〇〇七・六
C・W・ニミッツ、E・B・ポッター『ニミッツの太平洋海戦史』東京・恒文社　一九六三
怒和島会会報
野見山暁治（他）『祈りの画集　戦没画学生の記録』東京・日本放送出版協会　一九七七・八
平生町郷土史研究会『ふるさととの自由律俳人・久保白船』山口・平生町教育委員会　二〇〇三・一〇
福井静夫『日本補助艦艇物語』東京・光人社　一九九三・一二
防衛省防衛研究所戦史資料室蔵『呉防戦戦時日誌　十八年十二月～二〇年四月』
防衛省防衛研究所戦史資料室蔵『佐世保防備戦隊戦時日誌　十六年十二月～十七年五月』
防衛省防衛研究所戦史資料室蔵『佐世保防備戦隊戦時日誌　十七年六月～十七年十一月』
防衛省防衛研究所戦史資料室蔵『大東亜戦争戦時日誌　佐伯防備隊』
防衛省防衛研究所戦史資料室蔵『特設敷設艦高栄丸戦闘詳報』
防衛省防衛研究所戦史資料室蔵『敷設艇行動調書　2／6』
防衛庁防衛研究所戦史室編『戦史叢書』各巻　東京・朝雲新聞社
吉田久一『八重山戦日記』那覇・ニライ社　一

九九九・三
吉村昭『深海の使者』東京・文藝春秋（文春文庫）二〇一一・三
吉村昭『陸奥爆沈』東京・新潮社（新潮文庫）二〇〇六・八
歴進会『うみかぜ』33　佐伯　一九九七・四
拙著『特殊潜航艇海龍』東京・元就出版社　二〇一一・一

【資料の提供を頂いた方々】（敬称略・五十音順）

石垣市総務部市史編集室　海上自衛隊佐伯基地分遣隊　佐伯市平和記念館・やわらぎ　佐伯市役所　自衛隊滋賀地方連絡部・草津募集事務所　戦没した船と会員の資料館（神戸）　松山市役所　ミュージアムパーク丹賀　ミュージアムパーク鶴御崎

池田明義　上田秀久　大澤浩之　大和田稔　金谷直樹　北原敏弘　久保賀不彦　久保展啓　熊谷富雄　沢田渡　一　高盛西郷　坂哲郎　藤田輝男　山崎豊

# あとがき

怒和島艇長　久保　忠彦
長男　久保賀不彦

本書を刊行しますことは、敷設艇怒和島の乗組員一同の長年の大きな願いでありました。戦後三十年経った頃、戦友の消息を調べ、「怒和島会」が発足しました。少しずつ会員が増えていき、一時は五十名を越える数となりました。私も父亡き後、会の上田、藤田両氏が住所を知り来訪され、会との関わりを持たせて頂くようになりました。

集まるたびに思い出話が溢れるように出てきました。会の中から何とか記録でも残しておかないか、との意見が多く出ました。しかし、まとめるとなるとなかなか前に進みませんでした。そのような折、白石氏との出会いにより、このたび、ようやく実現することになりました。

太平洋戦争における海軍艦艇につきましては、大きな艦には注目が集まり、今なお語り継がれています。しかし、小艦艇については語られることもなく、忘れ去られようとしていました。小艦艇は、乗り組んだ方々や父より聞かされたこと、様々な記録により、苛烈な戦場に、船団護衛に、機雷敷設に等々過酷とも思える働きをし、戦火に倒れていきました。いつの時代でも日はなかなか当たりませんが、縁の下の力があってこそ全体が円滑になることを改めて認識していただければと思います。

本艇も紙面の通り獅子奮迅の働きをし、昭和二十年四月三十日に米軍の空襲により佐伯湾で擱坐し、その際に十四名の尊い命が失われました。しかし、百五十名余りの乗組員は無事上陸することができました。

奇しくも平成十七年はそれより六十年目となります。この節目の年に本書が発行されることを、誠にありがたく思っております。本書の刊行に当たり元就出版社社長浜正史様、資料提供などご協力を頂いた潮書房専務牛嶋義勝様、また、関係各位に心より感謝申し上げます。

平成十六年十二月

# 著者あとがき

私が久保賀不彦氏を知ったのは、九年ほど前のことです。お話をお伺いしているうちに、同氏のお父上が、戦時中、敷設艇怒和島の艇長であった、ということ、また、怒和島会という会があることを知りました。

確かに、大和、武蔵などというふねのことは誰でも知っています。関わった人も多数おられます。しかし、こうした小艦艇にも、大艦と同様の、場合によってはそれ以上の「戦い」がありました。その「怒和島」と、そこに生きた人々の「記録」を、少しでも残したいと思い、久保氏と怒和島会でお聞きした話を中心に、今回、まとめてみました。

ただ、残念なことに、関係者の方の多くが物故され、また、生きておられる方も高齢となり、証言が得られにくくなってきております。今回、可能な限りの資料を集めましたが、不十分な点も多々あると考えられます。読者諸賢のご指摘を賜ることができれば、と思います。

最後に、本書を成すにあたって多大なご協力を頂きました、畏友久保賀不彦様、怒和島会会長上田秀久様、潮書房・光人社専務牛嶋義勝様、そして、本書の出版を快くお引き受け頂きました元就出版社社長濵正史様に厚く御礼を申し上げます。

怒和島被弾六十年を前に

白石　良

# 改訂版のあとがき

七年前に『怒和島の航海』の初版を出させて頂きましたところ、それまでにこうした小艦艇に関する書物がなかったせいか、多くの方々からさまざまな反響やご意見を頂きました。その中には新しい資料を下さった方や、これはおかしいのではないかというご指摘を下さった方もおられました。

そこで、このたび、そうした新たな資料や証言をもとに、改訂版を出させて頂くことに致しました。当初は少々の改訂ですむであろうと考えていたのですが、結局、骨子は変わりませんでしたものの、大幅な改訂となってしまいました。また、若い方々からは、「ことば（用語）が難しい」というご意見もございましたので、「用語解説」も付させて頂きました。初版よりは正確を期すことができたのではないか、と思っております。

資料や証言をご提供頂きました皆々様に感謝致しますとともに、再版に当たりましてもいろいろとご尽力を頂きました元就出版社社長濵正史様に厚く御礼を申し上げます。

平成二十四年三月

白石　良

NF文庫


敷設艇「怒和島」

二〇二二年四月二十一日　第一刷発行

著　者　白石　良

発行者　皆川豪志

発行所　株式会社　潮書房光人新社

〒100-8077　東京都千代田区大手町一-七-二

電話／〇三-六二八一-九八九一(代)

印刷・製本　凸版印刷株式会社

定価はカバーに表示してあります

乱丁・落丁のものはお取りかえ致します。本文は中性紙を使用

ISBN978-4-7698-3259-1　C0195

http://www.kojinsha.co.jp

NF文庫

## 刊行のことば

第二次世界大戦の戦火が熄《や》んで五〇年――その間、小社は夥しい数の戦争の記録を渉猟し、発掘し、常に公正なる立場を貫いて書誌とし、大方の絶讃を博して今日に及ぶが、その源は、散華された世代への熱き思い入れであり、同時に、その記録を誌して平和の礎とし、後世に伝えんとするにある。

小社の出版物は、戦記、伝記、文学、エッセイ、写真集、その他、すでに一、〇〇〇点を越え、加えて戦後五〇年になんなんとするを契機として、「光人社NF（ノンフィクション）文庫」を創刊して、読者諸賢の熱烈要望におこたえする次第である。人生のバイブルとして、心弱きときの活性の糧《かて》として、散華の世代からの感動の肉声に、あなたもぜひ、耳を傾けて下さい。

＊潮書房光人新社が贈る勇気と感動を伝える人生のバイブル＊

NF文庫

写真 太平洋戦争 全10巻 〈全巻完結〉
「丸」編集部編
日米の戦闘を綴る激動の写真昭和史——雑誌「丸」が四十数年にわたって収集した極秘フィルムで構築した太平洋戦争の全記録。

海軍局地戦闘機
野原 茂
強力な火力、上昇力と高速性能を誇った防空戦闘機の全貌を描く決定版。雷電・紫電／紫電改・閃電・天雷・震電・秋水を収載。

ゼロファイター世界を翔ける！
茶木寿夫
かずかずの空戦を乗り越えて生き抜いた操縦士菅原靖弘の物語。腕一本で人生を切り開き、世界を渡り歩いたそのドラマを描く。

敷設艇「怒和島」
白石 良
七二〇トンという小艦ながら、名艇長の統率のもとに艦と乗員が一体となって、多彩なる任務に邁進した殊勲艦の航跡をえがく。

「烈兵団」インパール戦記 陸軍特別挺身隊の死闘
斎藤政治
ガダルカナルとも並び称される地獄の戦場で、刀折れ矢つき、惨敗の辛酸をなめた日本軍兵士たちの奮戦を綴る最前線リポート。

第一次大戦 日独兵器の研究
佐山二郎
計画・指導ともに周到であった青島要塞攻略における日本軍。軍事技術から戦後処理まで日本とドイツの戦いを幅ひろく捉える。

＊潮書房光人新社が贈る勇気と感動を伝える人生のバイブル＊

NF文庫

ハイラル国境守備隊顚末記　関東軍戦記
「丸」編集部編
ソ連軍の侵攻、無条件降伏、シベリヤ抑留——歴史の激流に翻弄された男たちの人間ドキュメント。悲しきサムライたちの慟哭。

日本の水上機
野原　茂
海軍航空揺籃期の主役——艦隊決戦思想とともに発達、主力艦の補助戦力として重責を担った水上機の系譜。マニア垂涎の一冊。

日中戦争　日本人諜報員の闘い
吉田東祐
近衛文麿の特使として、日本と中国の間に和平交渉の橋をかけようと尽瘁、諜報の闇と外交の光を行き交った風雲児が語る回想。

立教高等女学校の戦争
神野正美
ある日、学校にやってきた海軍「水路部」。礼拝も学業も奪われ、極秘の作業に動員された女学生たち。戦争と人間秘話を伝える。

駆逐艦「野分」物語　若き航海長の太平洋海戦記
佐藤清夫
駆逐艦乗りになりたい！　戦艦「大和」の艦長松田千秋大佐に直訴し、大艦を下りて〝車曳き〟となった若き海軍士官の回想を描く。

B－29を撃墜した「隼」　関利雄軍曹の戦争
久山　忍
南方戦線で防空戦に奮闘し、戦争末期に米重爆B－29、B－24の単独撃墜を記録した、若きパイロットの知られざる戦いを描く。